BABASIZ DOĞMA FENOMENİ

KUTSAL VE SANAT İLİŞKİSİNE YÖNELİK BİR YORUMLAMA

Muzaffer Yılmaz

Babasız Doğma Fenomeni

© LITERATÜRK academia 263

İnceleme-Araştırma 242

Temmuz 2020

Editör: **Nermin ÖZTÜRK**
Genel Yayın Yönetmeni: **İsmail ÇALIŞKAN**

ISBN 978-605-337-281-3

T.C.
Kültür ve Turizm Bakanlığı
Yayıncı Sertifika No: **16195**

Kapak Tasarım: **Fatih ÖZDEMİR**
Baskı Öncesi Hazırlık: **Mehmet ATEŞ**
meh_ates@hotmail.com

Baskı & Cilt: **Şelale Ofset**
Fevzi Çakmak Mh. Hacı Bayram Cad. No. 22 Karatay/KONYA
Tel: +90.532.159 40 91 selalemat2012@hotmail.com
KTB S. No: **46806** - Basım Tarihi: **TEMMUZ 2020**

KÜTÜPHANE BİLGİ KARTI
- Cataloging in Publication Data (CIP) -

YILMAZ, Muzaffer
Babasız Doğma Fenomeni

ANAHTAR KAVRAMLAR
İnanç, Sanat, Sanat Tarihi, Mitoloji, Fenomenoloji, Kutsal Doğum
- key concepts -
Faith, Art, Art History, Mythology, Phenomenology, Holy Birth

" LITERATÜRK academia ", **Nüve Kültür Merkezi kuruluşudur.**
www.literaturkacademia.com

 / Nkmliteraturk

M. Muzaffer Cad. Rampalı Çarşı Alt Kat No: 35-36-41
Meram / KONYA Tel: 0.332.352 23 03 Fax: 0.332.342 42 96

Ул. М. Музаффер, рынокРампалы, нижнийэтаж № 35-36-41
Мерам, КОНЬЯ, тел.: +90 332 352 23 03,
факс: +90 332 342 42 96

Dağıtım: **EMEK KİTAP**
Akçaburgaz Mah. 3137. Sk. Ali Rıza Güvener İş Merkezi No: 28
Esenyurt / İSTANBUL
www. emekkitap.com -Telefaks +90 212 671 68 10
Дистрибьютор: **EMEK KITAP**
РайонАкчабургаз, ул. АлиРыза 3137, бизнесцентр «Гювенер» № 28,
Эсеньюрт / СТАМБУЛ
www.emekkitap.com – Телефакс: +90 212 671 68 10

ORTA ASYA OFFICE:
Mikrareyon Kok Jar/23   Bishkek / KYRGYSZTAN
Tel: +996 700 13 50 00   -Telefaks: + 996 552 13 50 00
ОФИС В ЦЕНТРАЛЬНОЙ АЗИИ:
МикрорайонКокЖар/23   Бишкек / КЫРГЫЗСТАН
Тел.: +996 700 13 50 00 – Телефакс: +996 552 13 50 00

BABASIZ DOĞMA FENOMENİ

KUTSAL VE SANAT İLİŞKİSİNE YÖNELİK BİR YORUMLAMA

Muzaffer Yılmaz

LITERATÜRK academia

Muzaffer Yılmaz

1983 senesinde Antalya'da doğan Muzaffer Yılmaz, sanat tarihi eğitimi almıştır. 2007 senesinde Selçuk Üniversitesi Sosyal Bilimler Enstitüsü Türk Dünyası ve Ortaçağ Kültürleri Arkeolojisi Bilim Dalında yüksek lisansa başlamış ve Aydın İli Merkezindeki Tarihi Su Yapıları konulu tez çalışmasıyla 2010'da yüksek lisansını; 2015'te ise Selçuk Üniversitesi Sosyal Bilimler Enstitüsü Genel Sanat Tarihi Anabilim Dalında, Aydın'da Türk Devri Kamu Yapıları I-II konulu tez çalışmasıyla doktorasını tamamlamıştır.

Temel çalışma alanları; Mitoloji ve Sembolizm, Gastronomi ve Sanat İlişkisi, Tanzimat Dönemi Türk Mimarisi ile Kent Estetiği olan Yılmaz, Konya Necmettin Erbakan Üniversitesi Güzel Sanatlar Fakültesi'nde öğretim üyesi olarak görev yapmaktadır.

<u>**Yayımlanmış Kitapları:**</u>

2018, *Tarihi ve Kültür Varlıkları İle Aydın Güzelhisarı*,
   Konya: Çizgi Kitabevi.

2019, *Malatya Lokanta Kültürü ve Hacı Baba Et Lokantası*,
   Konya: NÜVE Yayınları.

2019, *Aydın'da Halkevi Mimarisi*, Konya: Aybil Yayınları.

2019, *Osmanlı Sanatında Değişim ve Dönüşüm*, (Editör),
   Konya: Literatürk-Academia Yayınları.

İÇİNDEKİLER

Önsöz

Her ne kadar akademik camiada revaçta olan hedefler günümüzde farklı olsa da ben; düşünmenin ve yazmanın, yeni bir şeyler söylemenin, sonuca ulaşamasa da sürekli denemeye çalışmanın, bir akademisyenin varlık sebebi olması gerektiği kanaatini taşımaktayım. Özellikle de her şeyin bir anda değişebileceğini ve aslında hiçbir şeyin gerçekte sahibi olamayacağımızı idrak ettiğimiz bu zamanlarda…

Bir dönüşümün arifesinde son şeklini verdiğim işbu kitabın takdim yazısını lütfederek kaleme alan kıymetli hocamız Prof. Dr. Selçuk Mülayim'e, çalışmanın hazırlık, yazım ve yayım sürecinde desteklerini benden hiç esirgemeyen Prof. Dr. Ahmet Çaycı'ya, pek çok kereler istişarelerde bulunduğum, bilgi birikiminden ziyadesiyle istifade ettiğim ve emeklerini saymakla bitiremeyeceğim Doç. Dr. Nermin Öztürk'e, yazdıklarımı üşenmeden okuyarak düşüncelerini benimle paylaşan Prof. Dr. Yüksel Göğebakan, Doç. Dr. Fatih Özdemir, Dr. Öğr. Üyesi Mehmet Susuz, Dr. Öğr. Üyesi Binnaz Koca, Doç. Dr. Ayşe Budak, Doç. Dr. Başak Burcu Eke, Uzm. Erdal Zeki Tomar ve Öğr. Gör. Ahmet Yavuzyılmaz'a, kitabın redaksiyonunu yapan Oğulcan Karakoç'a ve yayınevi sahibi güzel insan İsmail Çalışkan'a teşekkürü bir borç bilirim.

Konya-2020

Takdim

Bilimde yeni düşünce her zaman irkiltici olmuş, kimi zaman suçlanmalara bile sebep olmuştur. Öte yandan genellikle kabul edilir ki, 21. yüzyılın sosyal bilimleri çok disiplinli bir anlayışla ilerlemek zorundadır. Ne sanat tarihi ne de antropoloji bunun dışında kalabilir. Bu sebeple, mitolojik öyküler, apokrif olanlar ve olmayanlar, her türlü inanç metinleri de çok yönlü yaklaşımlarla ele alınmaktadır. Bu düşünce genişlemesi en genel anlamda dokunulmazlıkların kaldırılması gibi bir şey oluyor.

Araştırmacı Muzaffer Yılmaz'ın *Babasız Doğma Fenomeni* başlıklı denemesi, inanç sistemlerinin başlıca motiflerinden birini yorumlayıp irdelemek üzere bir araya getirilmiş yazılardan oluşuyor. Bilinen bakış açılarının dışında ve klasik sanat tarihi kitaplarının kaynakçalarında yer almayan birçok uzman ismine başvurulmuş olması bile, araştırma algısına bir yenilik getiriyor. Tekrar belirtelim ki yeni bakış açıları ithamlara maruz kalsa da, dürüstçe ve cesaretle düşündüklerini yazan Muzaffer Yılmaz'ın bu gözle okunması yararlı olacak, yeni girişimlerin yolunu açacaktır.

Prof. Dr. Selçuk Mülayim

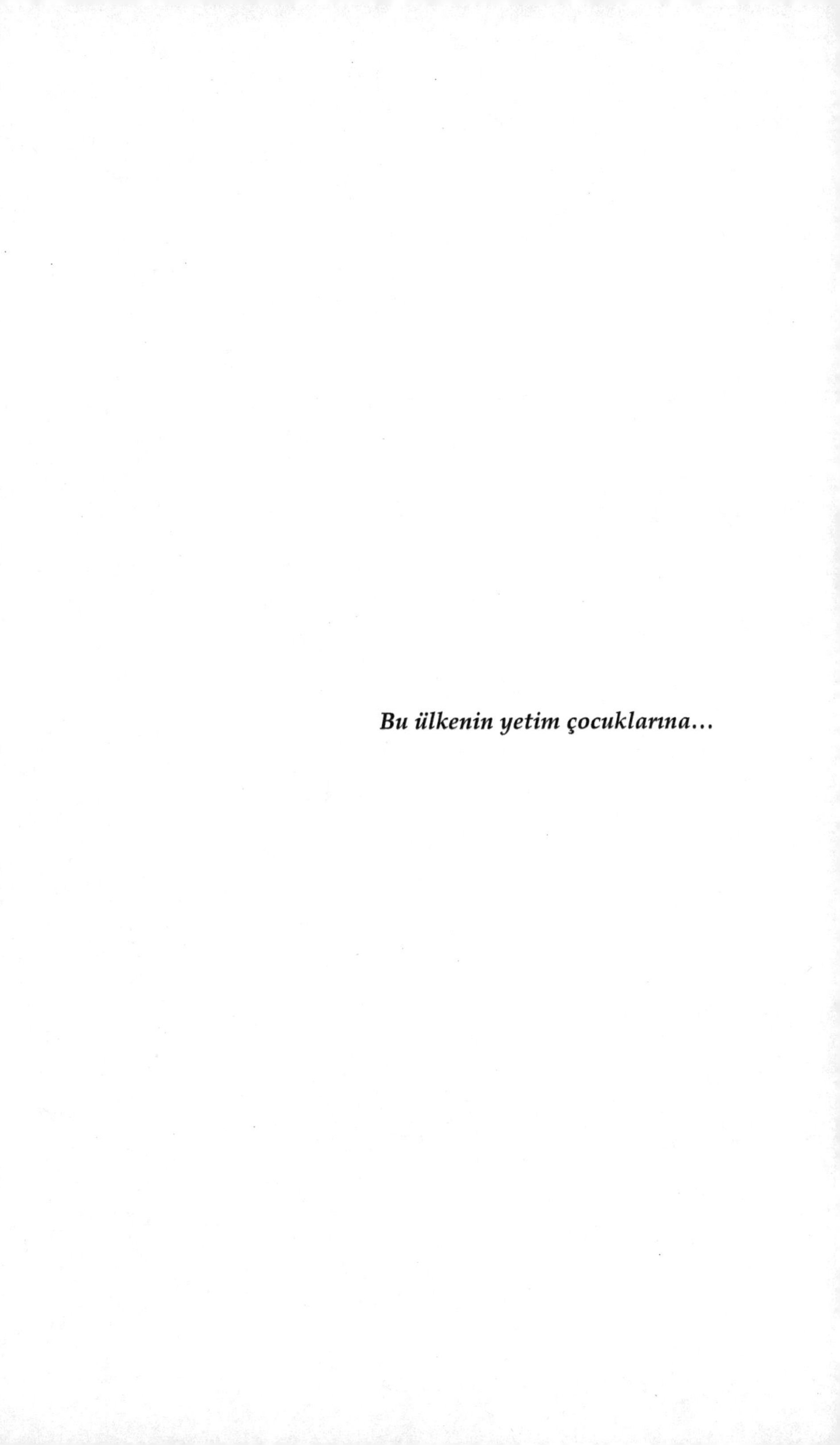

Bu ülkenin yetim çocuklarına...

Her zaman aynı esrarlı sahne söz konusudur: "tamamen farklı"
bir şeyin, bizim dünyamıza ait olmayan bir gerçeğin, "doğal",
"dindışı" dünyamızın ayrılmaz parçası olan nesneler
içinde açığa çıkması.
Mircea Eliade

Başlarken

Elinizde tuttuğunuz bu kitap, yaklaşık üç yıllık bir düşünsel serüvenin ürünü olarak ortaya çıkmıştır.[1] Özü itibariyle, birbiriyle ilişkili iki olgu olan *kutsal ve sanat* üzerine hermenötik (yorumbilimsel) bir deneme olan bu çalışma; tarihî, dinî, kültürel ve antropolojik açıdan farklı araştırmacılar tarafından çeşitli kerelerce ifade edilen bir *kutsal doğum*un, *babasız doğma fenomeni* adı altında yeniden yorumlanarak sanatla olan ilişkisi üzerine yapılan deneme mahiyetinde bir değerlendirmedir. Bununla birlikte bu çalışmanın *ilahiyat* temel alanına giren *dinî* bir çalışma olmadığını ve bahsi geçen olguların (kitapta) *sanat tarihi* merkezli olarak ele aldığını özellikle belirtmek isterim.

Kitapta, çalışmanın odaklandığı ana konu kutsal doğumların sanat ile olan ilişkisi olduğu için, çeşitli kültürlere ait pek çok farklı örneğe tek tek değinmek yerine, (gökyüzü-yeryüzü

---

1 Kitapta ele alınan konu (çok daha dar bir çerçevede), ilk olarak 2018 yılının Ekim ayında, *Doğu'dan Batı'ya Bir Yorumlama Denemesi Olarak Babasız Doğma Fenomeni ve Sanat İlişkisi* adlı bir tebliğ olarak 22. Uluslararası Ortaçağ ve Türk Dönemi Kazıları ve Sanat Tarihi Araştırmaları Sempozyumu'nda sunulmuş fakat daha sonra ne bildiri kitabında ne de herhangi başka bir süreli yayında metin olarak yayımlanmamıştır. Özet metin için bkz. Muzaffer Yılmaz (2018). "Doğu'dan Batı'ya Bir Yorumlama Denemesi Olarak Babasız Doğma Fenomeni ve Sanat İlişkisi", 22. *Uluslararası Ortaçağ ve Türk Dönemi Kazıları ve Sanat Tarihi Araştırmaları Sempozyumu (24-26 Ekim 2019) Özet Kitabı*, İstanbul: MSGSÜ Yayınları, s. 162.

ilişkisi özelinde) seçme örnekler üzerinden bir değerlendirmeye gidilmiştir.

Çalışma dâhilinde farklı alanlara ait çok sayıda kaynaktan istifade edilmiş, böylelikle kitabın anlam ve anlatım dağarcığı genişletilmeye çalışılmıştır.

Kitabın başlangıç kısmında kutsalın tanımı, ilk sanat eserleri ile olan ilişkisine bağlı olarak yapılmış, daha sonra ise hayal edilişinden meydana gelişine bir sanat eserinin oluşum süreci, imge-simge/sembol-nesne odaklı olarak açıklanmış ve kutsal ile sanat arasındaki bağlantı, sanat eserinin oluşum süreciyle ilişkili olarak gerekçelendirilmeye çalışılmıştır. Kutsalın ve sanatın tanımı yapılıp birbirleri arasındaki ilişkinin vurgulanmasının ardından gökyüzünün kutsallığı üzerinde durulmuş ve insan anatomisinin değişimi ile gökyüzü arasında bir bağın olup olmadığı sorgulanmıştır. Kutsala, sanata, gökyüzüne ve insana dair yapılan bu genel değerlendirmelerin ve tespitlerin ardından, söz konusu fenomene ilişkin örneklere yer verilmiştir. Seçme örneklerin yer aldığı bu kısmın akabinde, önce babasız doğma fenomeninin din ve devlet olgusu ile olan bağına, daha sonra ise mimarlık üzerindeki biçimlendirici ve yönlendirici misyonuna değinilmiştir. Babasız doğma fenomeni ve mimarlık ilişkisinin izahının ardından, konunun daha iyi kavranabilmesi için mimarlık, göstergebilim ve sembolizm ilişkisinden bahsedilmiş ve bu anlatılara paralel olarak vakıf kültürü ile babasız doğma fenomeni arasında dolaylı da olsa bir bağlantı kurulup kurulamayacağı sorgulanmıştır. Çalışmanın son bölümünde ise kitapta ifade edilen fenomenle olan ilişkisine istinaden kutsal bakire olgusu üzerinde kısa bir değerlendirme yapılmıştır.

On bölümden oluşan kitapta, anlatımın seyri ile ilişkili toplam on sekiz adet görsel kullanılmıştır. Çalışmada kullanılan görsellerden müzelerde yer alan eserlerin fotoğraflarının tamamı kamuya açık kullanım hakkına (public domain) sahiptir. Bununla birlikte tüzel ya da gerçek kişi olsun, fotoğrafların alındığı tüm kaynaklar ayrıca parantez içerisinde belirtilmiştir.

Kutsal ve Sanat

Buzul Çağı (Paleolitik Dönem) mağara resimleri, (neredeyse istisnasız bir şekilde), sanat tarihi kitaplarının tamamında insanlık tarihinin en eski sanat eserleri olarak zikredilmektedirler (Fotoğraf 1). Büyük bir çoğunluğu hayvan tasvirleri olmakla birlikte, el izleri, ferç ve stilize insan tasvirlerinden oluşan resimlerin yapılış amaçları hakkında çeşitli teoriler bulunmaktadır[2]. Farklı görüşlere rağmen, bu resimlerin yapılış gayesi itibariyle büyüyle alakalı (inançla ilişkili) bir amacının olduğu genel bir kabuldür (Farthing, 2017: 17). Bu durum, Buzul Çağı'nın bir başka sanat nesnesi olan kadın heykelcikleri (venüsler) için de geçerlidir[3]. Leeming ve Page, kadın bedeninin üretici, besleyici ve büyütücü özelliklerinin Buzul Çağı insanları için bir gizem

---

[2] İnançla olan bağını koparmamak kaidesiyle, korku, korunma, oyun gibi çeşitli gerekleri olduğu da öne sürülen bu mağara resimlerinin gastronomi ile de ilişkisinin olabileceği öngörülmektedir. Ayrıntılı bilgi için bkz. Muzaffer Yılmaz (2018). "Batı Resminde Yeme-İçme Konulu Sahnelerin Menşei Üzerine Bir Değerlendirme (Ortaçağ'ın Başlangıcından Barok Dönemin Sonuna Kadar)", *SDÜ Fen-Edebiyat Fakültesi Sosyal Bilimler Dergisi*, S: 44, s. 111-138.

[3] Esas itibariyle Güney Nambiya'daki Apollo 11 Mağarası'nda bulunan, üzeri desenli devekuşu yumurtaları (MÖ 83.000) veya Güney Afrika'daki Blombos Mağarası'nda bulunmuş deniz kabuğundan imal edilmiş boncuklar (MÖ 77.000) burada zikredilen mağara resimlerinden daha eski olsalar da mağara resimleri (ve kadın heykelcikleri), benzer üslupta bir sistematik düzen dâhilinde yapılmış olmaları ve pek çok yerde görülmeleri bakımından *ilk* olarak değerlendirilmektedirler.

oluşturduğunu ve bu gizeme bağlı olarak heykellerin, ilahi varlıkların mecazları olarak yapıldıklarını belirtmektedir (Leeming ve Page, 2019: 21, 22). En genel hatlarıyla MÖ 30.000-10.000 yılları arasına tarihlenen bu buluntulardaki mistik, büyülü ve gizemli tarafı, *kutsal* kelimesi ile tanımlamak mümkündür. Kutsal kelime anlamı olarak; Tapınılacak veya yolunda ölünecek kadar sevilen, güçlü bir dinî saygı gerektiren ve tanrısal olan demektir[4]. Rudolf Otto, genel hatlarıyla kutsalın rasyonel ve sezgisel bir bütün olduğunu belirtmiş ve şöyle bir tespitte bulunmuştur:

...Özne, rasyonel araçlarda mümkün olduğundan daha farklı bir algılanış beklemektedir. Sezgisel unsur, kavramsal olarak algılanamayan şeydir. Bu yüzden ve dilin de bir kavramlaştırma aracı olması sebebiyle, kutsalın sezgisel unsuru, hiçbir kavram formüle edemediğimiz tarafıdır. İfade edilemez ve konuşulamaz olandır. Oluşturduğumuz kavramlar kutsal deneyimimize dayalıdır ve bunlar genelde dogmatik ifadeler ve ahlaki takdirlerdir. Oysa deneyimin kendisi değil sadece yorumudurlar. Bu bir idrak hâlidir yalnızca... (Otto, 2014: 13).

Mircea Eliade, kutsalı tanımlamak için önce kutsallığı, kutsallığı tanımlamak için de kutsal olguları tanımlamayı zaruri görmekte ve ayinleri, ritüelleri, mitleri, ilahileri, simgeleri, insanları, hayvanları, bitkileri ve yerleri kutsal olgular olarak zikretmektedir (Eliade, 2014: 27). Fettullah Kalın, Eliade'nin tespitinden hareketle şöyle bir çıkarımda bulunur:

Kutsal araştırmasının sahası, dini insanın kendi yaşantısı ve tecrübesidir. Bu yaşantıyla ilgili olan her şey bu araştırmanın da alanını teşkil eder. Kutsal kitaplar, ayinler, ritüeller, mitler, mimari yapılar,

---

[4]   TDK.www.tdk.gov.tr/index.php?option=com_gts&arama=gts&guid=TDK.GTS.5d833b32f00d19.30034312. Erişim tarihi: 10 Ağustos 2019.

anıtlar, kitabeler, tapınaklar, objeler bu alanın çalışma nesneleridir. (Kalın, 2014: 75).

Bu tespitlerdeki idrak hâli, sezgisel unsur ve dinî yaşantıyı, *bilinçdışı* olarak adlandırmak mümkündür[5]. Bir başka ifadeyle kutsal; bilinçdışımızla alakalı, yaratıcı-tanrı odaklı[6], sezgisel bir

---

[5] Gerek Eliade gerekse Kalın'ın tespitlerine bağlı olarak ifade edilen bilinçdışı, dini yaşantı, ritüel ve mitlerle alakalı şöyle bir genel değerlendirme yapmakta fayda var: Kutsal, yaratıcı-tanrı odaklı sezgisel bir farkındalık olarak doğrudan inancın konusudur. Din ise inancın kurumsallaşmış hâli olarak kabul edilebilir. Örneğin insan hür iradesiyle istediği herhangi bir şeye inanmaya başlayabilir, inandığı şeyler arasında bir çelişki olup olmadığına aldırmayabilir ve inandığına inanmaktan istediği an vazgeçebilir. *Din*de ise bir kurallar manzumesi ile karşılaşıldığı için, seçimde özgürlük olsa da, uygulamalarda bir yapının-anlayışın parçası olmak zorunludur. Denilebilir ki inanç ferdî, din ise toplumsaldır. Mitoloji ise bir bilim dalı olup inceleme alanı olan mitler insanlık tarihinin en eski kutsal öyküleri olarak kabul edilen metinlerdir. Genellikle din denildiği zaman ilahi-tek tanrılı dinler anlaşıldığı için, mitoloji ile kast edilenin ayrı bir şey olduğu zannedilir. Oysa Hinduizm ile Hint Mitolojisi aynı anlama karşılık gelmektedir. Buradaki karmaşanın inanmakla bilmek arasındaki çelişkiden kaynaklandığı söylenebilir. Yunanca *logos*tan gelen *loji*, sonuna geldiği şeyin bilimini niteler. Bilim ise akıl ile alakalı bir faaliyet alanıdır. Daha önce de belirtildiği gibi *inanç-din-kutsal* ise sezgiseldir. Dolayısıyla bir dine inananlar için o dinin anlattıkları inancın (inanmanın), inanmayanlar için ise bilimin (mitolojinin) konusu olur. Örneğin bir Müslüman, Hz. Muhammed'in Mirac'ına inanır, inanmak zorundadır. Ama Müslüman olmayan biri bu durumu sadece; insanın kutsalla temas kurmak için göğe yükselme metaforu dâhilinde, İslam peygamberi Muhammed'in göğe yükselmesi hadisesi olarak kabul ederek inceler. Bir mucize olarak görmez ve olayı, tarihteki benzer örnekleriyle karşılaştırarak ele alır. Dolayısıyla din ile kast edilenle mitoloji ile kast edilen ontolojik olarak aynıdır. Bu açıdan kutsal dediğimiz olgu, ister mitlerin isterse dinlerin konusu olsun insanoğlunun aynı anlam arayışıyla alakalıdır.

[6] Kutsal, esas itibariyle doğrudan tanrı-tanrılık ile alakalı olsa da, Buzul Çağı özelinde (her ne kadar aynı olguyu temsil etse de) kutsalı merak, korku, yücelik, saygı gibi kavramlar-değerlerle ilintilemek mümkündür. Tanrı fikrinin gelişimi ve değişimi için bkz. Robert Winston (2010). *Tanrının Öyküsü*, (Çev. Sinan Köseoğlu), İstanbul: Say Yayınları; Karen Armstrong (2017). *Tanrı'nın Tarihi*, (Çev. Oktay Özel, Hamide Koyukan, Kudret Emiroğlu), İstanbul: Pegasus Yayınları.

farkındalığın idrak edilmesi ve kavranması olarak kabul edile-
bilir. Soyut bir faaliyet olan bu idrakin-kavrayışın somutlaşması
ise nesneler aracılığıyla olur. Nesneye bu gözle bakan (ya da
onu biçimlendiren) özne için nesne, kendi kutsalının bir biçimi,
bir tezahürüdür.

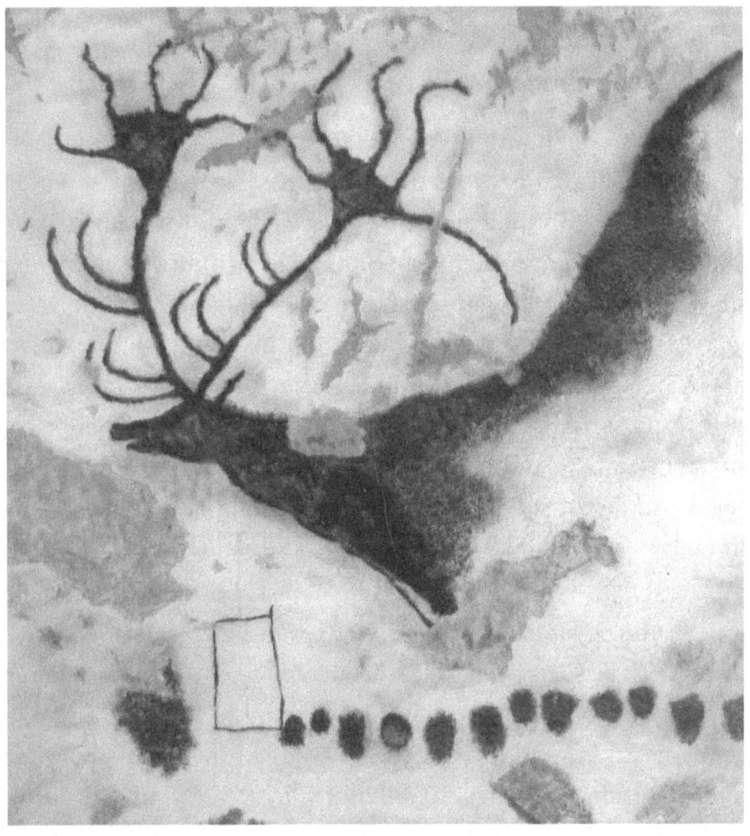

Fotoğraf 1: Buzul Çağı'na Ait Bir Geyik Tasviri, Lascaux Mağarası, Montignac/Fransa, Yaklaşık MÖ 15.000. (HTO, https://en.wikipedia.org/)

İmgeden Nesneye

Hakkında yapılmış pek çok klişe tanımlamanın ötesinde sanat, ontolojik olarak muhayyile merkezli bir dışavurum ve dolaylı bir anlatım biçimidir. Bu anlatım biçiminde sanatçı yaratım sürecinde muhayyileden beslendiği için, üretim süreci; *imge-simge/sembol-nesne* odaklı bir seyir izlemektedir. Zihinde tasarlanan, gerçekleşmesi özlenen hayal olarak tanımlanan imge, sanatçı için gerçekleşecek yorumlamanın başlangıcıdır. Tasarım sürecinde sanatçı, zihninde oluşan imgeyi simge-semboller[7] vasıtasıyla nesneye dönüştürmektedir. Sanatın algılanışının sezgisel, somutlaşma sürecinin ise simge ve sembollerle olması, anlatım tarzının da dolaylı olmasını zarurî kılmaktadır.

Doğrudan ve dolaylı olarak ikiye ayrılabilecek olan bu anlatım biçimleri, aslında olaylara ya da olgulara yaklaşım tarzıyla da alakalıdır. Konuyu biraz daha açmak gerekirse; somut kanıta ve neden-sonuç ilişkisine ihtiyaç duyan terim ve kavramlar açıklamaya, bunlara hiç ihtiyaç duymayan imgelem (muhayyile) ise herhangi bir şeyi anlamlandırmaya[8] yararlar[9]. Bu durum

---

7   Sanatın simge ve sembollerle olan ilişkisi için bkz. Clare Gibson (2016). *Semboller Nasıl Okunur*, (Çev. Cem Alpan), İstanbul: YEM Yayınları.

8   Bu anlamlandırma sürecinde cinsiyet, yaş ve sosyo-ekonomik yapı önemli belirleyiciler olarak ön plana çıkmaktadır. Ayrıntılı bilgi ve anlam arayışı din ilişkisi hakkında bilimsel bir çalışma için bkz. Abdülkerim Bahadır (2018). *İnsanın Anlam Arayışı ve Din*, İstanbul: İsyan Yayınları.

9   Muhayyile ve sanat ilişkisi özelinde konu ile ilgili için bir seminer kaydı için bkz. Dücane Cündioğlu, Cebrailin Kanatları Muhayyileye Dair,

aynı zamanda *bilim* (açıklamak), *din-inanç* (anlamlandırmak) ve *felsefe* (hem açıklamak hem anlamlandırmak) arasındaki farkı da ortaya koymaktadır. Dolayısıyla bir olay ya da olguya yaklaşım tarzı, onu değerlendirirken terim ve kavramlardan mı (akıl) yoksa simge ve sembollerden mi (muhayyile) istifade edileceğini de belirler. Düşünme şeklini ve bakış açısını da aslında bu tercih ortaya koyar. Tüm bu izahattan sonra *sanatı*; muhayyile odaklı, sezgisel ve ifade ettiği şeyi muhatabı için anlamlandırmak için var olan bir faaliyet olarak tanımlamak mümkündür.

Kutsalın da, bilinçdışının ve sezgilerin (bir başka ifadeyle, bir bakıma tıpkı sanat gibi muhayyilenin) ürünü olduğu düşünüldüğünde, *kutsalın* somut bir kisveye bürünebilmesi için dolaylı anlatım tarzına (simge ve sembollere) ihtiyaç duymaması imkânsızdır. Zira Paul Tillich, Systematic Theology adlı eserinde Tanrı'dan bahsederken (buradaki Tanrı kutsal olarak kabul edilebilir), Tanrı'nın *mutlak varlık* olması münasebetiyle asla sembolik olamayacağını ve fakat insanın onunla olan ilişkisine bağlı olarak, Tanrı'nın ancak semboller vasıtasıyla anlanabilir-algılanabilir olabileceğini ifade etmektedir (Tillich, 1951: 239).

Tillich'in Tanrı yaklaşımı kutsal olgusu dâhilinde kabul edildiğinde, bu realite doğrultusunda; Buzul Çağı'ndan günümüze kutsal ile kutsal üst başlığı altına giren her şeyin (Tanrı, büyü, inanç, din vs.) sanatla doğrudan bir bağının ve ilişkisinin olması kaçınılmazdır[10].

---

15 Şubat 2014. https://www.youtube.com/watch?v=l5P6mN9a0wk&t==3261s. Erişim Tarihi: 20 Mart 2014.

10 Jacob Bachofen, *mitin* kendisini simgenin bir yorumu olarak kabul etmektedir. Bachofen'e göre; Simgenin (simgelerin) bir bütün olarak biçimlendirerek anlatmaya çalıştığı herhangi bir şey (şeyler), ancak mitler (söylence) ile bir olaylar dizisi hâline gelerek açıklanabilir. Ayrıntılı bilgi için bkz. Jacob Bachofen (2019). *Söylence, Din ve Anaerkil*, (Çev. Nilgün Şarman), İstanbul: Payel Yayınevi, s. 75-77.

Tanrı'nın görünmeyen şeylerinin (yani eşyanın idealarıı ve ezeli sebepleri ki biz onlar sayesinde eşyanın neye benzemesi/nasıl olması gerektiğini biliriz) yapılmış olan şeylerde görülecek olması sadece Tanrı'nın yaptığı şeylerle ilgili olarak değil, aynı zamanda o (ilkel insanın) kendisinin yaptığı şeylerle ilgili olarak da geçerlidir. İlkel insan: anlamı, faydalı nesnelere isteğe göre eklenebilir ya da eklenmeyebilir bir şey olarak düşünmüş olamaz. İlkel insan kutsal-dünyevi bir ayrım yapmamıştır. Nitekim onun silahları, giyeceği, aletleri ve evi bütünüyle ilahi örneklerin taklitleriydi ve kendisi için gerçekte ne olduklarından ziyade ne ifade ettikleriydi. İşte o, onları büyülü sözler ve ayinlerle bu "ziyadelik" yaptı (yani araçlarına sembolik anlamlar yükledi)… (Coomaraswamy, 2016: 118).

Bu perspektiften bakıldığında Buzul Çağı sanat eserleri, insanlık tarihinin ilk sembolik-simgesel temsilleri olarak kabul edilebilir.

Sembolik-simgesel anlayışın ortaya çıkışı ve toplum-kültür ile olan ilişkisi hakkında ise temelde iki farklı görüş bulunmaktadır. Kimi araştırmacılar (Frazer gibi) kültürün temelinde totemik (inançla ilişkili) bir yapının olduğunu savunurken, kimi bilim insanları (Durkheim gibi) ise bunun tam tersini; toplumsal yapının ve kültürün totemciliği (inancı ve dini) meydana getirdiğini öne sürmüşlerdir (Barnard, 2016: 81, 82). İki görüşün hangisi kabul edilirse edilsin, simgesel bir anlatımın inanç ve toplumsal yapıyla doğrudan bir ilişkisinin ve bağının olduğu görülmektedir. Dolayısıyla, bir ifade ve anlatım biçimi olarak dolaylı anlatı tarzı ile inanç (kutsal) ve sanat (resim, heykel, mimari vs.) arasında bir ortaklığın olduğunu söylemek mümkündür[11]. Bu ilişkiye istinaden de sanatı, Buzul Çağı'ndan itibaren insanın kutsallaştırdığı her *şey*in, bir bakıma temsil alanı (ve temsil şekli) olarak değerlendirmek yerinde olacaktır.

---

[11] Simgesel düşüncenin doğuşu ve evrimi hakkında ayrıntılı bilgi için bkz. Alan Barnard (2016). *Simgesel Düşüncenin Doğuşu*, (Çev. Mehmet Doğan), İstanbul: Boğaziçi Üniversitesi Yayınları.

Gökyüzü ve Kutsallık

Buzul Çağı'ndaki ilk dönem sanat eserleri ile başlayan bu kutsal-sanat ilişkisini sonraki süreçte de görmek mümkündür. Yaklaşık 12.000 yıl öncesine tarihlenen Göbekli Tepe, Buzul Çağı ile Neolitik Dönem arasındaki geçiş evresinin (Mezolitik ya da Çanak-Çömleksiz Neolitik Dönem) en önemli sanatsal yaratısı ve henüz köy vb. bir organizasyonun olmadığı dönemde, megalit mimarinin başlangıcı olarak kabul edilir. Bununla birlikte sayıları değişkenlik arz eden T formlu dikilitaşların meydana getirdiği, üzeri açık, dairevi ve helezonik bir plan arz eden mekânlar kompleksi olan Göbekli Tepe'nin hangi amaçla inşa edildiği net değildir (Fotoğraf 2). Yine de hem araştırmacıların genel kanısına hem de 1994 yılında buradaki arkeolojik kazıları başlatan Klaus Schmidt'e göre Göbekli Tepe'nin (ve aynı coğrafyadaki ardıllarının) bir tapınma alanı olarak yapılmış olma ihtimali son derece kuvvetlidir (Schmidt, 2007: 285). Gerçekten de henüz yerleşik hayatın olmadığı bir dönemde, üst örtüsü bulunmayan, insanların korunma ve barınma gibi temel ihtiyaçlarına da cevap vermeyecek tarzda inşa edilmiş, fonksiyonellikten çok bir ritüel ya da ritüellere hizmet ediyor izlenimi veren Göbekli Tepe'nin bir tapınak (ya da tapınaklar bütünü) olarak kabul edilmesi son derece mantıklıdır.

Göbekli Tepe'nin bir tapınak olarak kabul edilmesi aynı zamanda kutsal ve sanat ilişkisinin seyrinde kutsalın, resim ve heykelden sonra mimaride de tezahür ettiğinin bir göstergesidir.

Yoğun bir sembolizme sahip olan Göbekli Tepe, hem mimarisi hem de dikilitaşları üzerinde yer alan figüratif tasvirleriyle günümüzde hâlen büyük bir gizem taşımaktadır. T formlu taş blokların bir insan tasviri olduğu konusunda görüş birliği bulunmasına rağmen[12], bunların sembolik olarak neyi (insanı, Tanrı'yı, kötü ruhları ya da ataları) temsil ettiği net değildir (Schmidt, 2007: 117). Ayrıca taş blokları üzerinde yer alan; domuz, tilki, yılan, kuş vb. hayvanlarla ilgili pek çok farklı görüş bulunmaktadır[13]. Bu tezyinata bağlı yorumlamaların dışında, tapınak alanının kuruluş prensibi açısından Göbekli Tepe'deki B, C ve D tapınak formlarının, gök cisimleri ve vücut organlarının temsili ile ilgili sembolik bir anlatım ihtiva ettiği de düşünülmektedir (Halis, 2016: 55). Göbekli Tepe'nin bir gözlemevi olarak kullanıldığı, gökyüzündeki takımyıldızları ile doğrudan ilişkili olduğu veya Zodyak kuşağındaki akrep takımyıldızını gösterdiği, bu bağlamda ön plana çıkan görüşlerdendir (Bulut, 2018: 21). Göbekli Tepe ile başlatılabilecek bu gökyüzü sembolizmini, sonraki süreçte ortaya çıkan uygarlıkların inanç sistemlerinde ve sanatlarında görmek mümkündür. Özellikle Mezopotamya ve Mısır gibi ilk tarım uygarlıklarının panteonlarına bakıldığında, gökyüzünün (bu açıdan bakıldığında astrolojinin) inanca olan tesirleri net bir şekilde görülmektedir (Şekil 1)[14].

---

[12] Bu formun heykel olarak tanımlanabilecek daha gelişmiş bir şekli olan *Urfa Adamı*, Şanlıurfa Arkeoloji Müzesi'nde sergilenmektedir.

[13] Bu konuda karşılaştırmalı bir değerlendirme için bkz. Andrew Collins (2017). *Göbekli Tepe Tanrıların Doğuşu*, (Çev. Leyla Tonguç Basmacı), İstanbul: Alfa Yayınları.

[14] Özellikle Kopernik'in güneş merkezli evren teorisine kadar yaklaşık 1400 yıl geçerliliğini koruyan Batlamyus'un (Ptolemy) dünya merkezli evren modelini merkeze almadan yorumlanamayacak olan astroloji,

İlkel taş tapınakların pek çoğunda ilah tek bir taşla değil, çeşitli tarzlarda dizilmiş çok sayıda taşla temsil edilir. (Britanya'daki taş koridorlar ve Stonenhenge'deki taşların oluşturduğu daire en bilinen örneklerdir)... Buradaki düzenlemeler geometrik değil, tamamen raslantısal olarak bir araya getirilmiş gibidir. Gerçekte ise bu düzenleme son derece gelişmiş bir kutsallığın ifadesidir. (Jung, 2016: 229).

Daire insan ve doğa bütünlüğü arasındaki ilişki dâhil, tüm yönleriyle psişenin bütünlüğünü ifade eder. Daire sembolü ister ilkel güneş tapınımında ya da modern dinde, mitlerde ya da rüyalarda, Tibet rahiplerinin çizdiği mandalalarda, şehirlerin arazi planlarında ya da ilk astronomların küresel kavramlarında olsun her zaman hayatın tek, en can alıcı yönüne, onun nihai bütünlüğüne işaret eder... (Jung, 2016: 236).

Jung vakıaya insan psikolojisi ve buna bağlı gelişen davranış-uygulama modelleri özelinde bakmaktadır. Bununla birlikte konuya metafizik boyutuyla yaklaşan ve benzer bir görüşe sahip olan bilim insanları da mevcuttur.

Zamana aktarılan nokta —mekânsal bir sembol- âna işaret eder; psikolojik ve manevi olarak konuşacak olursak, nokta yoğunlaşmadır. Daire sadece mekânsal sonsuzluğu değil, ebediliği-ezeliliği de (yani zamansal sonsuzluğu da) ifade eder. Daire sonsuzluğu ifade eder, çünkü merkezi uzatır ve sınırsızca kendisini tekrarlayan eş merkezli daireleri hatırlatır. Daire ebediliği-ezeliliği ifade eder, çünkü ne başlangıcı ne sonu vardır. Daire semavi kubbenin ve ufkun yuvarlaklığını hatırlatır ve bu sebeple mekânın bir imgesidir... Bu yüzdendir ki sayısal ve geometrik semboller sadece mekânda değil zamanda da uygulamalarına sahiptir; bu semboller söz konusu uygulamalarına apiriori olarak ontolojik, koz-

---

inanç ve mimarlık ilişkisi, müstakil olarak ele alınması gereken özel bir çalışma konusudur. Konu ve astroloji, astronomi, mitoloji ilişkisi hakkında bilgi için bkz. Gülden Bulut (2014). *Mitolojik Astroloji ve Psikoloji*, İzmir: Zodyak Astroloji Yayınları.

molojik ve manevi düzlemlerde sahiptir ve kozmik düzlemler bu düzlemlerin sadece yansımalarıdır. (Schuon, 2016: 91, 92).

*Daire*nin kozmolojiyle olan ilişkisiyle ilgili ünlü İslam filozofu Farabi'nin dikkat çektikleri de kendisinden sonraki süreci etkilemesi bakımından önemlidir. Farabi, göksel cisimler içerisinde en üstününün gökyüzü olduğunu belirtmekte ve göğü dokuz kata ayırarak, her bir katın etrafını dairesel bir cismin çevrelediğini söylemektedir (Farabi, 2017: 43).

Tüm bu yorumlardan anlaşılacağı üzere daire formunu, insanın gökyüzü ile kurduğu bağa dayanarak kutsal olarak nitelendirdiği gökyüzünün geometrik bir simgesi olarak kabul etmek mümkündür. Zira Mircea Eliade, ilkel insan için göğe bakmak aşkın, sonsuz bir görünürlükle temas kurmak ve bir aydınlanma yaşamaktır derken (Eliade, 2014: 61) gökyüzünün bu vasfına (insanla arasında teşekkül eden bağa) göndermede bulunmaktadır[15].

Göğün bu mevcudiyeti ve insan üzerindeki etkisine binaen (en geç) MÖ 10.000-9.000'lerden itibaren başlatılabilecek bir gökyüzü sembolizminden söz edilebilir[16]. İnsanlığın tarıma ge-

---

[15] Tanrı, Musa ve Muhammed'e dağda seslenmiştir. Bir bakıma kutsal *yüksek bir yerde* duyulabilir olmuştur. İsa ise yine bir tepede çarmıha gerilerek ölmüştür, *baba*nın gökteki krallığına yakın bir yerde.

[16] İster gökyüzünün kendisi isterse güneş ile irtibatlı olsun, daire formu bu kutsalla olan ilintisi sebebiyle mükemmellik ve yüceliğin sembolü olmuştur. Bu bağlamda Göbekli Tepe'den bir merkezi kubbe ile örtülen mabetlere, yaklaşık on bir bin yıllık süreçte dairenin bir kutsallık alameti olarak kullanıldığını söylemek mümkündür. Sanat ve daire sembolizmi hakkında ayrıntılı bilgi için bkz. Saime Tuğrul (2010). *Ebedi Kutsal Ezeli Kurban*, İstanbul: İletişim Yayınları, s. 33-90; Dücane Cündioğlu (2012). *Mimarlık ve Felsefe*, İstanbul: Kapı Yayınları, s. 29-36; Ahmet Çaycı (2018). *İslam Mimarisinde Anlam ve Sembol*, Konya: Palet Yayınları, s. 61-74. Ayrıca, geometrik şekiller ve sembolizm ile ilgili olarak bkz. Rene Guenon, (2017). *Yatay ve Dikey Boyutların Sembolizmi*, (Çev. Fevzi Topaçoğlu), İstanbul: İnsan Yayınları.

çişinden itibaren daha fazla önem kazanan bu sembolik anlatım, özellikle gökyüzü-zaman ilişkisi dâhilinde mevsimlerin de (zaman döngüsü) devreye girmesiyle bambaşka bir boyuta evrilmiştir[17]. Göğe en yakın yerde olmak, ona en yakın olanı inşa etmek ve orada olanı yeryüzüne indirmeye çalışmak[18], sonraki süreçte, kutsal ve sanat ilişkisinin gelişimindeki en önemli belirleyiciler olmuştur.

---

[17] İlgili paragrafta zikredilen; gökyüzü, mevsimler, tarım ve inançla alakalı evrilme ile ilgili olarak bkz. Muazzez İlmiye Çığ (2011). *İnanna'nın Aşkı Sümer'de İnanç ve Kutsal Evlenme*, İstanbul: Kaynak Yayınları.

[18] Carl Gustav Jung, nedenselliğe karşı eşzamanlılık adını verdiği teorisinde; *ten* ile *tin*, *fizik* ile *astroloji* ve *gökyüzü* ile *yeryüzü* arasında bir eşzamanlılık olabileceğini belirtmektedir. Jung, nedensellik ilkesi ile açıklanamayacak şeyler için bu teorinin tercih edilebileceğini ve özetle; aslında gökyüzünün yere inmediğini, onun eşi olarak yeryüzünün zaten hep mevcut olduğunu iddia etmektedir. Jung ayrıca, gezegenlerin hareketleri ile evli çiftler arasındaki ilişkiye (burç etkileri) yönelik yaptığı bir deneyle de bu teoriyi desteklemektedir. Deney ve eşzamanlılık teorisi hakkında ayrıntılı bilgi için bkz. Carl Gustav Jung (2004). *Eşzamanlılık: Nedensellik Dışı Bağlayıcı Bir İlke*, (Çev. Levent Özşar), Bursa: Bilos Yayınları. Bu açıdan bakıldığında göğü yere indirme çabası olarak adlandırılan eylem, aslında zorunlu olarak (eşzamanlı bir şekilde) yeryüzünde de düzenlenmesi gerekli bir yapı olarak da kabul edilebilir.

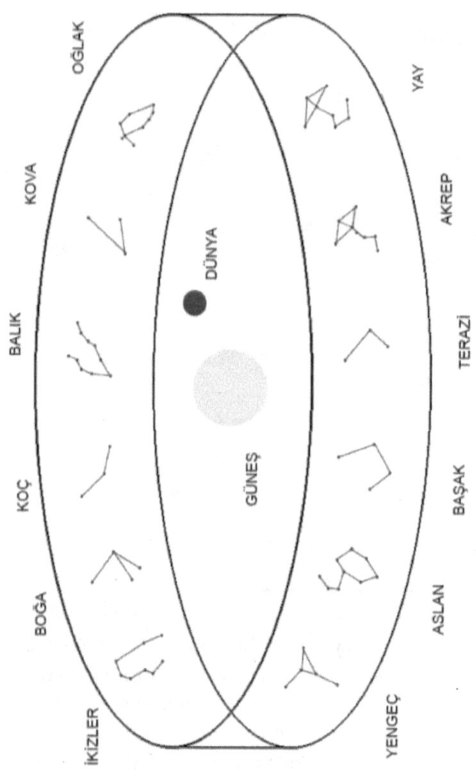

Şekil 1: Güneş ve Zodyak Takımyıldızları Şematik Çizimi.

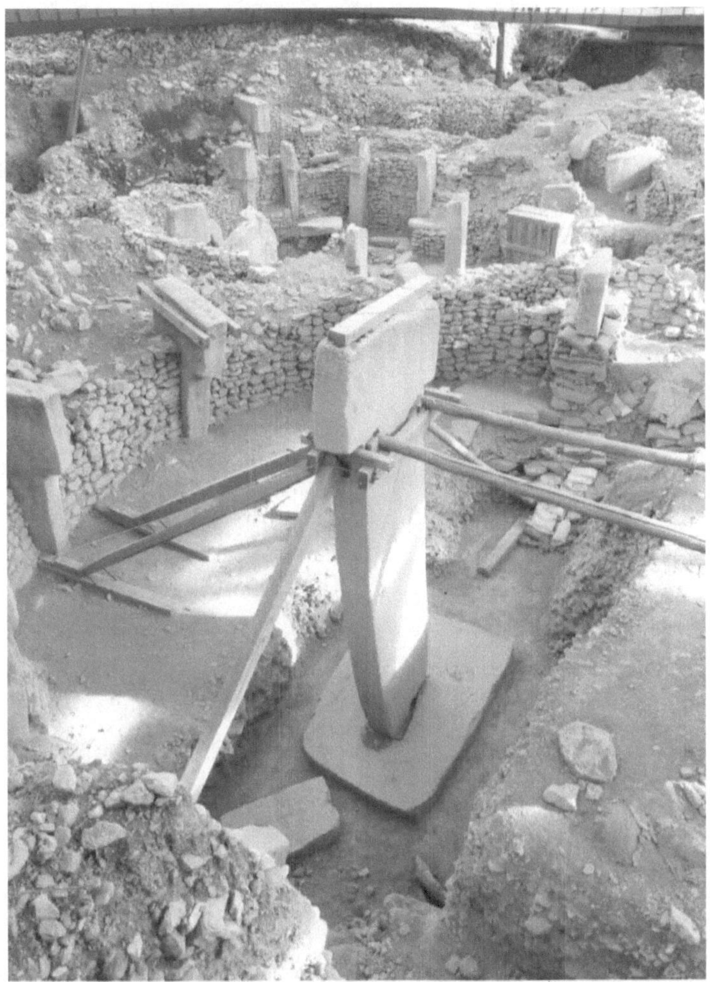

Fotoğraf 2: Göbekli Tepe, Şanlıurfa, MÖ 9.000-10.000.

Gökyüzü ve İnsan Anatomisi

Gökyüzünün kutsallığı sadedinde, insanın anatomik yapısının gelişimi ve gökyüzü arasındaki ilişki üzerinde de durmak gerekmektedir[19].

İlginç bir şekilde, Antik Dönem'den itibaren felsefi ve edebi pek çok metinde, insanın dik durması ile yetkinlik, seçilmişlik, farklılık ve farkındalık arasında bir ilişkinin olduğu vurgulanmaktadır. Bu ilişkiye ilk değinenlerin başında Sokrates gelmektedir. Her ne kadar kendisi bir yazılı eser bırakmasa da öğrencisi olan Yunanlı tarihçi Ksenophon, Sokrates'in anılarının yer aldığı eserinin dördüncü bölümünde şöyle bir ifadeye yer vermiştir:

Bütün yürüyen hayvanların ayakları var ancak Tanrılar canlılar içerisinde ilk olarak insanı ayağa kaldırdılar, önünü ve arkasını görebilmesi ve yukarıya bakabilmesi için, böylece daha az acı çekerler (Xenophon, 1994: 24).

Sokrates'in bu felsefi çıkarımına ilave olarak, Antik Yunan ve Roma dönemlerinde, insanın ayakta durması ile gökyüzüne bakabilmesi arasında özel bir ilişkinin olduğunun vurgulandığı çok sayıda şiir de yazılmıştır. Bunlardan MS 1. yüzyılda yaşa-

---

[19] Bu konuya ilk olarak Dücane Cündioğlu bir video konferansında değinmiştir. Video konferans için bkz. Dücane Cündioğlu, İnsanın Kökeni Ensest ve Evrim (2), https://www.youtube.com/watch?v=ykI1_-kcGjCU&t=3252s Erişim Tarihi: 15.04.2020.

mış olan ünlü şair Ovidius'un (Publius Ovidius Naso) yazdıkla-
rı dikkat çekicidir[20].

> *Karalarda hayvanlar oluştu, gökte kuşlar.*
>
> *Daha yoktu soylu, yüce değer taşıyan*
>
> *Derin düşünen, bütün yaratıklara buyuran.*
>
> *Evreni yöneten, yaratılışın kaynağı olan*
>
> *Tanrısal özlerden donatmış insanı, yaratan.*
>
> *Başlangıçta, yüce Acther'den ayrılan,*
>
> *Yüce özlerden oluşan yeryüzü gibi yapmış*
>
> *Lapetos oğlu, karmış yumuş akan sularla.*
>
> *Kurmuş insanı, benzer kılmış yüce tanrılarla.*
>
> *Yere doğru eğilmişken öteki canlılar,*
>
> *İnsanda dimdik, göğe yönelik bir duruş var,*
>
> *Bak ışıyan yıldızlara, döndür yüzünü, demiş.*
>
> *Böyle değişmiş toprak, o düzensiz, biçimsiz*
>
> *Varlık, dönmüş bilinmeyen insan kılığına.*

(Ovidius, 1994: 23).

Benzer bir şiirsel ifade İslami envanterde de bulunmaktadır. İslam felsefesine yönelik en önemli metinlerden biri, 10. yüzyılda kaleme alınmış olan İhvan-ı Safa'dır. Dört ciltten oluşan eserin ikinci cildinin Hayvanların ve Hayvan Türlerinin Yaratılış Şekline Dair adlı bölümünde, insanı diğer canlılardan ayıran özelliği şu şekilde ifade edilmiştir.

---

[20] İlk etapta edebi bir metnin kutsallığı sorgulanabilir gibi gelse de, Antik dönemde şairlerin statüsü ve insanların şiire yaklaşımı düşünüldüğünde, bu yazıları kendi çağının kutsal metinleri olarak kabul etmek gerektiği görülecektir.

Ey kardeşim -Allah seni ve bizi katından bir ruhla desteklesin- bil ki, bitkilerin suretleri aşağıya doğru ters yüz olarak dikilmiştir. Çünkü onların başları yerin merkezine, arkaları ise feleklerin çevresine doğrudur. İnsan bunun tam tersinedir. Zira onun üzerinde, bütün yönlerinden doğuda, batıda, güneyde ve kuzeyde, bu veya o yönde nerede durursa dursun, onun başı feleği, ayakları ise yerin merkezini izler. Bitkiler gibi ters dönmeyen, insan gibi dik durmayan hayvanlar bu ikisi arasındadır; daha doğrusu, bütün durumlarda nasıl döner ve tasarrufta bulunurlarsa, başları ufuklara, arkaları onun karşısındaki diğer ufka doğrudur. (İhvan-ı Safa, 2013: 143, 144).

Bu seçme örneklerden anlaşılacağı üzere, kadim insanlık öğretisi dâhilinde binlerce yıl boyunca, gökyüzü ve insanın dik durarak ona bakabilmesi arasında bir kutsal ilişkinin olduğu vurgulanmaya çalışılmıştır. 19. yüzyıldan itibaren ise modern bilimlerin de doğmasının ardından, (bilimsel gerekçelere dayandırılmak suretiyle), insanın dik durması biyolojinin de konusu olmaya başlamıştır. Özellikle de Darwin sonrası süreçte, insan zekâsı ile dik durabilme arasında bir bağlantının olduğu üzerinde durulmuş ve yapılan araştırmalar neticesinde iki ayak üzerinde durabilmenin omurga ve baş yapısını değiştirdiği, bu değişikliğin elleri kullanılabilir kıldığı, buna bağlı olarak da insanoğlunun çeşitli aletleri yapmaya başladığı ve eklemli konuşmayı geliştirdiği tespit edilmiştir (Ünalan, 1997: 114).

Görüldüğü üzere Sokrates'ten modern çağa dek ister inancın, ister felsefe veya bilimin argümanlarından istifade edilmiş olsun, (yani bir bakıma ister mistik ister akla mantığa uygun olsun), dik durmak ve göğe bakmak arasında bir ilişkinin var olduğu iddia edilebilir.

Rupert Sheldrake, Türkçeye Biri Beni Gözetliyor adıyla çevrilen kitabında, insanın, bilinçsiz bir şekilde kendisinin izlendiğinin farkına varması üzerine sayısız örneğe yer vermiş ve modern insanın bu *fark edebilme yeteneğinin*, avcı-toplayıcı dönemdeki yaşam tarzıyla bir bağlantısının olabileceğini belirtmiştir (Sheldrake, 2004: 225).

Eğer önbiliş yeteneğine sahip olmak biyolojik mirasımızın bir parçasıysa ve sayısız nesiller boyu doğal ayıklanma tarafından desteklenmişse bunun nedeni önbilişin özel bir değere sahip olmasıdır. (Sheldrake, 2004: 319).

Morfogenetik ya da *morfik alanlar* olarak adlandırılan bu hipoteze göre tüm *türlerin morfik alanlarının* bir tarihi vardır ve *morfik rezonans* olarak adlandırılan sürecin her türe kazandırdığı doğal (yapısal) bir hafıza bulunmaktadır (Sheldrake, 2004: 370). Sheldrake'nin bu tespit ve çıkarımlardan hareketle[21]; on binlerce yıllık hayatta kalma mücadelesiyle evrimleşen bir yetenekten ve yapısal değişiklikten söz edebiliyorsak, on binlerce yıllık *toplum olabilme* ve *toplum olarak hayatta kalabilme* çabasının ürünü olan davranışlardan-yeteneklerden ve hatta değişen-gelişen fiziksel özelliklerden de söz edilebilir.

---

[21] Yazarın konu ile alakalı bir diğer çalışası için bkz. Rupert Sheldrake (2001). *Yeni Bir Yaşam Bilimi*, (Çev. Sezer Soner), İzmir: Ege-Meta Yayınları.

Fenomene İlişkin Örnekler

Kadim Hindistan, Mezopotamya ile beraber inanç tarihinin en önemli havzalarından birini oluşturmaktadır. Pek çok farklı yenilenme süreci olan Hinduizm'de, Vedik dönemin sonu ile beraber Brahma (yaratıcı), Vişnu (koruyucu) ve Şiva'dan (yok edici) oluşan üçlü bir Tanrı anlayışı yerleşmiştir (Bose, 2016: 103). Bu üç Tanrı'dan Vişnu'nun, çeşitli periyotlarla avatarları (enkarnasyonları) vasıtasıyla dünyaya inerek bozulan düzeni ve dengeyi koruduğuna inanılır[22] (Fotoğraf 3). Vişnu'nun genel olarak kabul edilen bugüne kadarki on avatarından son altısı insan biçiminde dünyaya tecelli etmiştir[23] (Gül, 2018: 452). Bu son altı avatardan[24] en dikkat çekicisi ve önemlisi, Vişnu'nun dokuzuncu avatarı olarak dünyaya geldiğine inanılan ve sonraki süreçte Budizm'in de kurucusu olarak kabul edilecek olan Siddhartha Gotama Budda olmakla birlikte, Budda'nın annesi-

---

[22] Louis Renou'ya göre *avatar*lar vesilesiyle tecelli etme Vişnu'dan Şiva'ya da geçmiş ve sonrasındaki süreçte Hint tarihindeki pek çok kahramanı tanrılaştırmak için de kullanılmıştır. Ayrıntılı bilgi için bkz. Louis Renou (2016). *Hinduizm*, (Çev. Maide Selen), İstanbul: İletişim Yayınları, s. 44-49.

[23] Hinduizm inancına göre hâlen Vişnu'nun on birinci avatarı ile tekrar yeryüzüne ineceğine inanılır.

[24] Klasik ve kadim Hint danslarından biri olan *Mohiniattam Dansı* adını Vişnu'nun avatarlarından biri olan ve dans ederek kâinatın yok olmasını engelleyen Mohini'den alır. Mohiniattam ve diğer Hint dansları için bkz. Rukiye Bilican (2017). *Hint Danslarının Dini Temeli*, Yüksek Lisans Tezi, Marmara Üniversitesi Sosyal Bilimler Enstitüsü, Ankara.

nin kendisine, düş sırasında sağ böğründen vücuduna giren bir fil vasıtasıyla (Fotoğraf 4) günahsız olarak hamile kaldığı kabul edilmektedir[25] (Eliade, 2019: 96). Hint Mitolojisinde, Vişnu'nun uykuya daldığı zamanki adına Narayana denilmektedir. Narayana bir gün uykuya dalıp uyandığında göbeğinden, içinde Brahma'nın bulunduğu bir nilüfer çiçeği çıkartarak, onu yaratanı yaratmıştır (Pattanaik, 2006: 57). Bu örnekten de anlaşılacağı üzere, Budda'nın annesinin kendi kendisine hamile kalışı ve doğumu ile benzerlikler gösteren çeşitli motifler, Budizm'in içinden çıktığı din olan Hinduzim'de de mevcuttur.

Hindistan'daki kutsal tecelli hadiselerinin bir benzerini İran coğrafyasında görmek mümkündür. İran Mitolojisine göre dünyanın son üç bin yılında Zerdüşt'ün soyundan gelecek üç büyük kurtarıcı ortaya çıkacaktır (Yıldırım, 2012: 518, 519). Oşider (Hoşider), Oşidermah (Huşidermah) ve Soşyant adlarındaki bu üç kurtarıcının da ortak özelliği, bakire bir genç kızdan dünyaya gelmiş-gelecek[26] olmalarıdır[27]. Son kurtarıcı olan Soşyant ile alakalı bazı hikâyelerde, kurtarıcı-kahramanın Zerdüşt'ten uhrevî bir şekilde hamile kalan bakire bir kadın tarafından doğurulacağı da zikredilmektedir (Leeming, 2001: 149). Soşyantın en önemli özelliği kutsal bir tecelli olarak meydana gelmesinin

---

[25] Kimi kaynaklarda ise fil değil kendisi olarak annesinin rahminden içeri girdiği kabul edilir. Bkz. Bhikkhu Nanamoli (2001). *The Life of Buddha*, Onalaska (USA): BPE Press, s. 2-4.

[26] Zerdüştlük inancına göre ilk iki kurtarıcı dünyaya gelmiştir.

[27] Üç bakirenin bu kahramanları, Zerdüşt'ün Hâmûn Gölü'ne bıraktığı sperminden hamile kalarak doğuracağına inanılmaktadır (Yıldırım, 2008: 400). Benzer bir motif Hinduzim'de de vardır. Hint Mitolojisine göre Şiva ile Parvati'nin sevişmeleri bölündüğünde Şiva'nın menisi Ganj nehrine akar ve orada o an yıkanmakta olan altı bilgenin karısını hamile bırakır. Daha sonra doğan fetüsler birleşir ve altı başlı savaşçı bir kahraman meydana gelir. (Pattanaik, 2006: 194).

dışında, dünyayı düzenleme-düzeltme işlerinden sorumlu olmasıdır[28].

Sümer inanç sistemine göre yeryüzündeki refahın ve insanlarının mutluluğunun kaynağı tanrıların kendi arasında gerçekleştirdiği cinsel birleşme olduğu için, Sümer Mitolojisinde zengin bir cinsel simgeciliği görmek mümkündür (Kramer, 2002: 364). Bu zengin envanter içerisinde Tanrıça İnanna ve Tanrı Dumuzi'nin aşk hikayesini anlatan mit, sadece Sümer değil, tüm Mezopotamya inanç geleneği açısından da büyük bir önem taşımaktadır. Mit, genel olarak Tanrıça İnanna'nın evlenmek için Tanrı Dumuzi'yi seçmesi, evliliğin ardından İnanna'nın yer altına inmesi ve bir süre ayrı kaldıktan sonra çiftin tekrar kavuşmasını ele alır[29] (Altuncu, 2014: 157,158). Mevsimsel bir döngünün, bolluk ve bereket kavramı dâhilinde sembolik anlatımı olan bu mitte gerçekleşen evlilik töreni, sonraki süreçte Sümer kralları ve ardılları tarafından bir ritüele dönüştürülmüştür[30]. Pek çok yazılı kaynak ve silindir mühürler üzerindeki

---

[28] Bu kurtarıcı anlayışının farklı kültürlerde-dinlerde görülen mehdi-mesih inancı ile de ilişkisi vardır. Ayrıntılı bilgi için bkz. Ömer Faruk Harman (2017). "Beklenen Kurtarıcı İnancının İslam Öncesi Arka Planı", *Beklenen Kurtarıcı İnancı*, İstanbul: KURAMER Yayınları, s. 41-59.

[29] İlk olarak İnanna olarak ortaya çıkan güzellik ve gök tanrıçası sonraki süreçte, Mezopotamya-Kıbrıs-Yunan Yarımadası üçgeninde, İştar, Astarte ve Afrodite evrilecektir.

[30] Marija Gimbutas, mevsimsel bir döngüyle alakalı bu kutsal evlilikteki yeniden yaratan yenileyici tanrıça figürünün kökenini Buzul Çağına kadar götürmektedir. Yeryüzünü-dünyayı dişil olarak kabul eden Gimbutas, dişillik ile yeryüzündeki yenilenme faaliyeti arasında bir ilişki kurmakta ve Buzul Çağı'ndan itibaren görülmeye başlanan; bazı uzuvları belirgin kadın heykelciklerinin bu ilişki ile bağlantılı olduğunu vurgulamaktadır (Fotoğraf 5). Aynı zamanda doğumun-meydana gelişin kozmik olarak tanrıça kültü ile ilişkili olduğunu belirten yazar, mezarları ve mezar mimarisini de sembolik olarak, dişil olan yeryüzünün rahimleri olarak yorumlamaktadır. Ayrıntılı bilgi için bkz. Marija Gimbutas (2001). *The Living Goddesses*, California: University of California Press.

betimlemelerden, Sümer kralları ile İnanna'yı temsil eden rahibelerin cinsel bir ilişkiye girerek bu kutsal ritüeli gerçekleştirdiği görülmektedir[31] (Campbell, 2016: 51,52).

Prensesler, şehir beylerinin ve kralların eşleri erkek tanrılara ait başrahibe olarak mabedin idari işlerini yürütürlerdi. Bunların önemli görevlerinden biri de, kutsal evlenme törenlerinde Tanrıça İnanna yerine geçerek, Tanrı Dumuzi'yi temsil eden kral ile evlenmeleriydi...

Mabetlerde, özellikle İnanna'nın mabetlerinde rahibelerin özel bir görevi de, genel kadınlık, bir tür fahişelikti. Bunlar Tanrı'ya hizmet ettiklerinden kutsal sayılıyorlardı... (Çığ, 2019: 78).

Bu ritüel, sonraki dönemlerde sadece krallar değil halk nezdinde de bir karşılık bulmuştur. Burada dikkat çekici nokta; zamanla Batı Afrika'dan Anadolu'ya, Mezopotamya'dan Hindistan'a kadarki geniş bir coğrafyada çeşitli festivallerle de desteklenen[32] kutsal bir fahişelik kurumunun ortaya çıkması ve bu birleşme sonucunda hamile kalınması durumunda çocukların Tanrı'ya ait olarak kabul edilmesidir (Frazer, 2018: 80).

Mezopotamya geleneği özelinde, babasız doğma fenomeni dâhilinde değerlendirilebilecek en önemli ve tanınan figür şüphesiz İsa'dır. Birebir olmasa da[33] hem İncil hem de Kuran ayet-

---

[31] Mezopotamya inanç sistemi içerisinde krallar (özel ritüellerde) Tanrı'yı temsil etmelerinin yanında bizatihi Tanrı olarak da kabul edilmekteydiler. Mezopotamya özelinde bu gelenek Babil hükümdarı Hammurabi ile değişmiştir. Hammurabi Dönemi ve devlet yapısında yaşanan değişmeler için bkz. Horst Klengel (2019). *Kral Hammurabi ve Babil Günlüğü*, (Çev. Nesri Oral), Ankara: Totem Yayınları.

[32] Kutsal Fahişelik ve bu ritüelle alakalı festivallerle ilgili ayrıntılı bilgi için bkz. James George Frazer (1917). *The Golden Bough A Study In Magic And Relıgıon (Part I The Magıc Art Evolutıon Of Kıngs)*, C: 2, London: Macmillan and Co. Limited Press, s. 128-138.

[33] Mezhepsel farklılıklar olmakla birlikte İsa Hıristiyanlarca Tanrı'nın oğlu olarak kabul edilirken İslam inancına göre Tanrı'nın oğlu değil peygamberidir. Bu konu hakkında ayrıntılı bilgi için bkz. Zekiye Sönmez (2002). "İnciller ve Kuran Işığında Hz. İsa", *III. Dinler Tarihi Araştırma-*

lerinde İsa'nın babasız olarak bakire Meryem'den dünyaya gel-
diği belirtilmektedir[34].

*Elizabet'in hamileliğinin altıncı ayında Tanrı, Melek Cebrail'i Ce-
lile'de bulunan Nasıra adlı kente, Davut'un soyundan Yusuf adındaki
adamla nişanlı kıza gönderdi. Kızın adı Meryem'di. Onun yanına gi-
ren melek, "Selam, ey Tanrı'nın lütfuna erişen kız! Rab seninledir"
dedi. Söylenenlere çok şaşıran Meryem, bu selamın ne anlama gelebi-
leceğini düşünmeye başladı. Ama melek ona, "Korkma Meryem" dedi,
"Sen Tanrı'nın lütfuna eriştin. Bak, gebe kalıp bir oğul doğuracak,
adını İsa koyacaksın. O büyük olacak, kendisine 'Yüceler Yücesi'nin
Oğlu' denecek. Rab Tanrı O'na, atası Davut'un tahtını verecek. O da
sonsuza dek Yakup'un soyu üzerinde egemenlik sürecek, egemenliği-
nin sonu gelmeyecektir." Meryem meleğe, "Bu nasıl olur? Ben erkeğe
varmadım ki" dedi. Melek ona şöyle yanıt verdi: "Kutsal Ruh senin
üzerine gelecek, Yüceler Yücesi'nin gücü sana gölge salacak. Bunun
için doğacak olana kutsal, Tanrı Oğlu denecek. Bak, senin akrabala-
rından Elizabet de yaşlılığında bir oğula gebe kaldı. Kısır bilinen bu
kadın şimdi altıncı ayındadır. Tanrı'nın yapamayacağı hiçbir şey yok-
tur." "Ben Rab'bin kuluyum" dedi Meryem, "Bana dediğin gibi ol-
sun." Bundan sonra melek onun yanından ayrıldı. (Luka, 1/28-35).*

---

ları Sempozyumu (9-10 Haziran 2001) Bildirileri, Ankara: Dinler Tarihi
Derneği Yayınları, s. 137-166.

[34] Bu kısımda İsa dinin (inancın) değil, mitolojinin (bilimin) konusu edile-
rek değerlendirilmiş ve dinî değil, sosyo-kültürel bir figür olarak ele
alınmıştır. Hıristiyan ya da Müslüman olanlar için İsa'nın isminin dahi
böyle bir kitapta zikredilmesi son derece sakıncalı ve yanlış olarak gö-
rülebilir. Lakin kitapta bugün mitolojik olarak ele alınan tüm fenomen-
lerin (ve/veya ritüellerin), cereyan ettikleri ya da inanıldıkları çağda
inancın ve imanın gereğinin ta kendisi olduğu düşünüldüğünde, onto-
lojik olarak örneklerin birbirinden hiçbir farkının olmadığı görülecek-
tir. Ayrıca dinî değil ama tarihî bir figür olarak İsa hakkında ezber bo-
zan çalışmalar da bulunmaktadır. Böyle bir çalışma için bkz. Aytunç
Altındal (2018). *Hangi İsa Tyanalı Apollonius,* İstanbul: Destek Yayınları.

Hani melekler şöyle demişti: "Ey Meryem! Allah, seni kendi tarafından bir kelime ile müjdeliyor ki, adı Meryem oğlu İsa Mesih'tir. Dünyada da, ahirette de itibarlı ve Allah'a çok yakın olanlardandır. "O, beşikte de, yetişkin çağında da insanlarla konuşacak, salihlerden olacaktır." (Meryem), "Ey Rabbim! Bana bir beşer dokunmamışken benim nasıl çocuğum olur?" dedi. Allah, "Öyle ama Allah dilediğini yaratır. O, bir şeyin olmasını dilediğinde ona sadece "ol" der, o da hemen oluverir" dedi. (Kuran-ı Kerim: Al-i İmran 45-47).

Mezopotamya kaynaklı kutsal doğum ritüelleri paralelinde bir seyir izleyen Meryem'in hamile kalışı ve İsa'nın doğumu, dinin değil ama mitolojinin (bilimin) konusu olarak, Mezopotamya özelindeki babasız doğma geleneği dâhilinde zikredilebilecek son ve en önemli örnektir[35] (Fotoğraf 6).

İsa'nın Yahudi olması dolayısıyla, (Mezopotamya inanç geleneği dâhilinde) fenomenin Yahudi inancındaki yerinden de kısaca bahsetmek gerekmektedir. Her ne kadar İsa öncesi Yahudi toplumunda İsa'ya ya da diğer örneklere benzeyen kutsal doğumlar görülmese de Tanah'ın muhtelif yerlerinde Tanrı (Rab) tarafından hamile bırakılan kadınlardan çeşitli kerelerce bahsedilmiştir.

RAB'bin meleği kadına görünerek, "Kısır olduğun, çocuk doğurmadığın hâlde gebe kalıp bir oğul doğuracaksın" dedi. (Tanah: Hakimler, 13/3).

Kısır kadını evde oturtur, Çocuk sahibi mutlu bir anne kılar. RAB'be övgüler sunun! (Tanah: Mezmurlar, 113/9).

---

[35] Joseph Campbell Luka'nın Yunanlı olmasından dolayı Luka İncil'inde geçen bu doğum hikâyesinin Yunan Mitolojisi kaynaklı olduğunu iddia etmektedir. Bkz. Campbell, Joseph ve Moyers, Bill (2007). *Mitolojinin Gücü, Kutsal Kitaplardan Hollywood Filmlerine Mitoloji ve Hikayeleri*, (Çev. Zeynep Yaman), İstanbul: MediaCat Kitapları, s. 224.

Çocuk doğurmayan ey kısır kadın, Sevinç çığlıkları at; Ey doğum ağrısı nedir bilmeyen sen, Sevinçle haykır, bağır. Çünkü terk edilmiş kadının, Evli kadından daha çok çocuğu olacaktır" diyor Rab. (Tanah: Yeşeya, 54/1).

Yahudiliğin babasız doğma hadisesine (iman bakımından mucizesine) olan bu *aşinalığı*, İsa'nın o dönem toplumunda babasız doğduğu için yadırganmamasının da en önemli nedenlerinden biridir[36].

Mısır Mitolojisinde gökyüzü ve güneş tasavvuru o kadar önemlidir ki, sadece inanç sistemini değil, mimarisinden hanedan yapısına, sosyal hayattan krallık sistemine kadar geniş bir sahada etkili ve yönlendirici olmuştur. Öyle ki Eski Krallık döneminin piramitleri göksel bir sembolizme bağlı olarak inşa edilmiş yapılar olmalarının yanında, Mısır inanç sisteminde Firavunlar, doğrudan Tanrı Ra ile özdeşleştirilmiştirler (Strano, 2018: 455).

Toplumsal düzen kozmik düzenin bir yönünü temsil ettiğine göre, krallığın dünyanın başlangıcından itibaren var olması gerekiyordu. Yaratıcı ilk kral olmuştu; bu görevi oğlu ve ardılı firavuna devretti... Nitekim firavunun jestleri, Tanrı Ra'nın veya onun kutsal tecellilerinin betimlemek için kullanılan terimlerle betimlenir[37]. (Eliade, 2018a: 130).

Bu açıklamalardan hareketle, firavunluk makamının kutsallığına bağlı olarak firavun olan herkesi bu vesile ile Tanrı'nın

---

[36] Burada yapılan tespitin tamamen şahsi bir yorum olduğunu belirtmek isterim. Zira kanonik İncillerin tamamı MS 70-150 aralığında yazılmışlardır. Dolayısıyla (ister kanonik ister apokrif olsun), Meryem'in İsa'ya hamile kalışının anlatıldığı İncillerin en erkeni, İsa'nın ölümünden yaklaşık 40 yıl sonrasına aittir.

[37] Piramitlere Mısır dilinde yukarı çıkma anlamına gelen m(e)r denilmekteydi ve firavunlar bu devasa anıt mezarlar vasıtasıyla esasında güneş tanrı Ra'yı selamlamaktaydılar (Roth, 2002: 241).

bir tecellisi-oğlu olarak kabul etmek mümkündür. Erik Hornoung da tarihsel süreçte Mısır'da Tanrı'nın önce cansız nesne, sonra bitki ve hayvan ve nihayetinde insan olarak tecelli ettiğini belirterek, özellikle eski krallık döneminde firavunların dünyayı yaratan Güneş Tanrı'nın oğlu olarak kabul edildiğini ifade etmektedir (Hornoung, 2014: 77, 99).

Dionysos[38] Antik dönemin şarap, bağ, eğlence ve vecd tanrısıdır (Grimal, 2012: 153). Fakat Dionysos bu temsil ettiklerinin dışında, aslında çok daha geniş çerçevede ele alınması gerekli önemli bir figürdür[39]. Dionysos'u Yunan Panteonu'nda diğer tanrı ve tanrıçalardan farklı kılan en önemli özelliği ise annesinin ölümlü bir bakire olan Semele olmasıdır[40] (Akgezer, 2018: 26, 27). Oldukça çileli bir doğumu ve yaşantısı olmasına rağmen neşe ve eğlenceyi de simgeleyen Dionysos[41], babası ilahi bir figür olsa da dünyevi bir anneye sahip olması münasebetiyle Antik dünyanın en seküler tanrısı olarak da kabul edilebilir (Fotoğraf 7). Dionysos adına yapılan ve bir ritüel hâline dönüşen

---

[38] Roma'daki adıyla Baküs.

[39] Dionysos'u, yaşam-kozmik dünya ağacı olgusu dâhilinde, Dumuzi, Tammuz, Adonis ve Hızır kültü ile ilişkilendirerek yorumlamak mümkündür. Bahsi geçen konular hakkında ayrıntılı bilgi için bkz. Joseph Campbell (2015). *Batı Mitolojisi Tanrının Maskeleri*, (Çev. Kudret Emiroğlu), İstanbul: Islık Yayınları, s. 14-49; Ahmet Yaşar Ocak (2012). *Türk İslam İnançlarında Hızır Yahut Hızır İlyas Kültü*, İstanbul: Kabalcı Yayınları, s. 145-162.

[40] İlk olarak Semele'den dünyaya gelen Dionysos, daha sonra babası Zeus tarafından ikinci kez dünyaya getirilmiştir. Dionysos'un doğumu ve hayatı için bkz. Mareel Detienne, (2010). "Dionysos Maddesi", *Mitolojiler Sözlüğü*, (Çev. Nusat Çıka), (Yön. Yves Bonneffoy, Türkçe Yay. Haz. Levent Yılmaz), C: 1, Ankara: Dost Kitabevi Yayınları, s. 172-179.

[41] Aslında zıt gibi görünse de acı ve eğlence birbiriyle oldukça ilişkilidir. MÖ 6. yüzyılda yaşamış olan Midillili şair Alcaeus'un şu dizleri bu ilişkiye ışık tutacak mahiyettedir: *İçelim! Niye bekleyelim lambaları? Gün ışığı zaten bir parmak kaldı. Ey sevgili, getir, süslü büyük kupaları! Semele'nin ve Zeus'un oğlu insanlara verdi şarabı, çünkü dindirsin diye acılarını.* (Aktaran: Akurgal, 2005: 325).

geçit törenlerindeki canlandırmaların zamanla trajedi ve komediye dönüşerek (Grimal, 2012: 155) önce tiyatronun daha sonra da (dolaylı olarak) tüm sahne sanatlarının doğmasına yol açtığı düşünüldüğünde, bu dünyeviliğin[42] izlerinin şimdiki zamanlara dek uzandığı söylenebilir. Bu açıdan tiyatrolar, Dionysos adına yapılan mabetler olmalarının yanında, aynı zamanda soyut olan *kutsal*ın toplum nezdinde mimari ile somutlaşmasına da örnek teşkil etmektedirler (Fotoğraf 8)[43].

---

[42] Özü itibariyle bir bitki-ağaç tanrısı da olan ve öküz, oğlak, keçi gibi hayvanlarla da temsil edilen Dionysos, Dumuzi-Adonis-Osiris-Attis kültleri paralelinde, özellikle günümüzde Anadolu kırsal coğrafyasında hâlen yapılan tarım-hasat-ürün odaklı pek çok festivalin kökeninde yer alan arketiplerin başında gelmektedir. Ayrıntılı bilgi için bkz. James George Frazer (2016). *Altın Dal Dinin ve Folklorun Kökenleri*, (Çev. Mehmet H. Doğan), İstanbul: Yapı Kredi Yayınları, s. 154-240.

[43] Bir tanrı olarak Dionysos, Antik Yunan öncesi dönemde, Miken Uygarlığı zamanında da (MÖ 1.450-1.100) mevcuttu (Armstrong, 2019: 48). Bu durum, Dionysos figürünün meydana çıkışını ve Mezopotamya kültürleri-inançları ile olan ilişkisini göstermesi bakımından önemlidir.

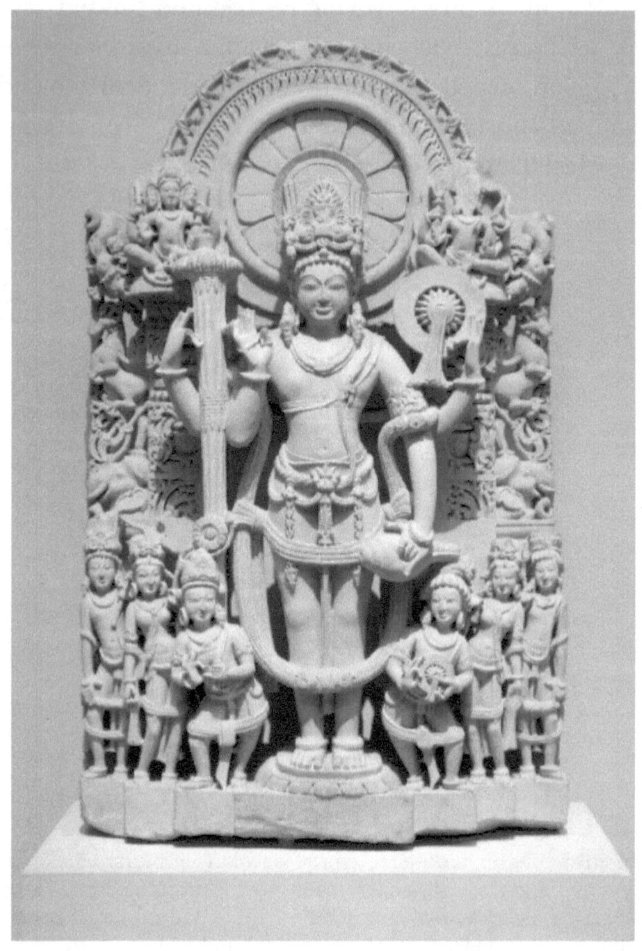

Fotoğraf 3: Vişnu Tasviri, MS 10-11. Yüzyıl, Metropolitan Sanat Müzesi, (https://www.metmuseum.org/).

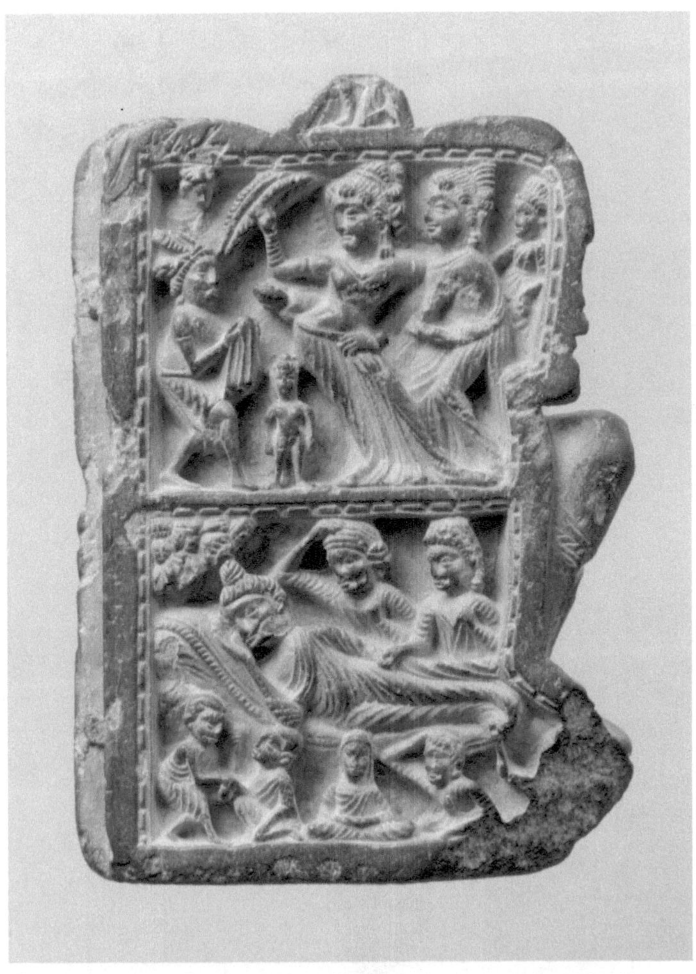

Fotoğraf 4: Budda'ya Hamile Kalış ve Doğum, Mimari Plastik,
5-6. Yüzyıl, Metropolitan Sanat Müzesi, (https://www.metmuseum.org/).

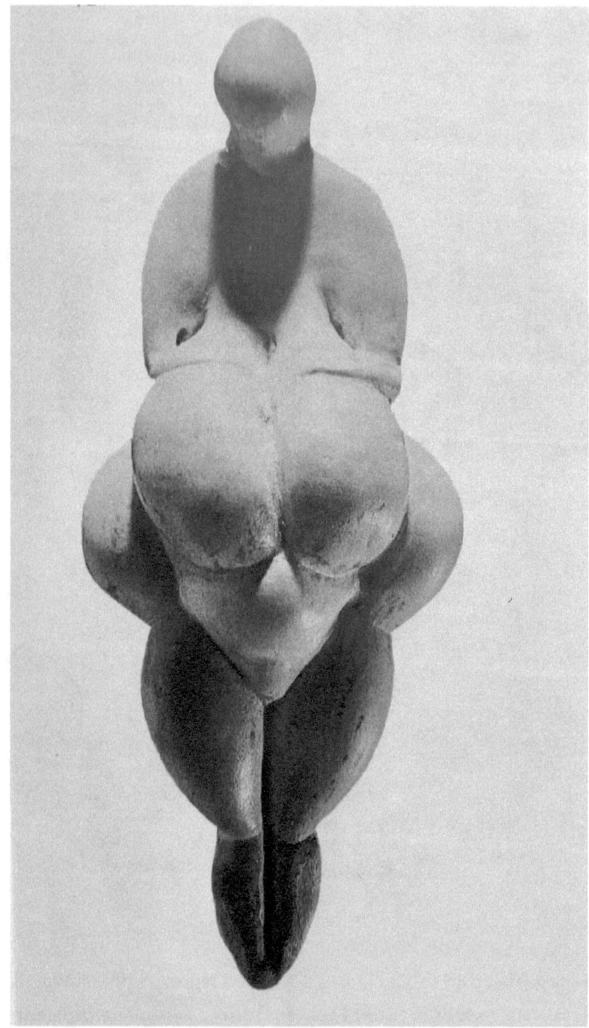

Fotoğraf 5: Kadın Heykelciği, MÖ 23.000, (Marija Gimbutas).

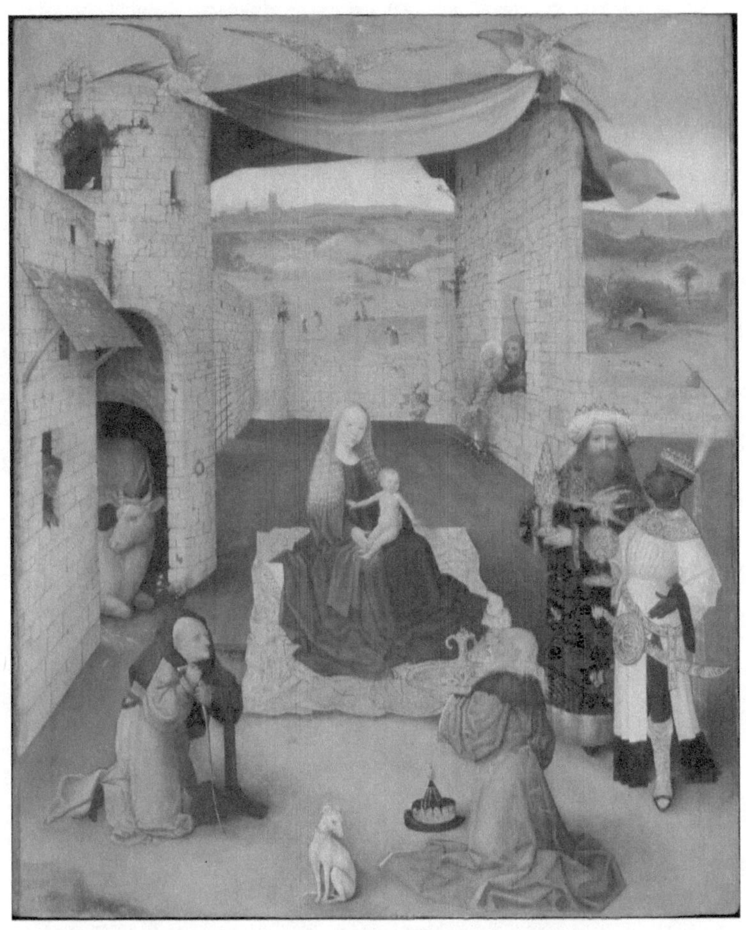

Fotoğraf 6: İsa'ya Müneccimlerin Secdesi, Hieronymus Bosch, 1475. Metropolitan Sanat Müzesi, (https://www.metmuseum.org/).

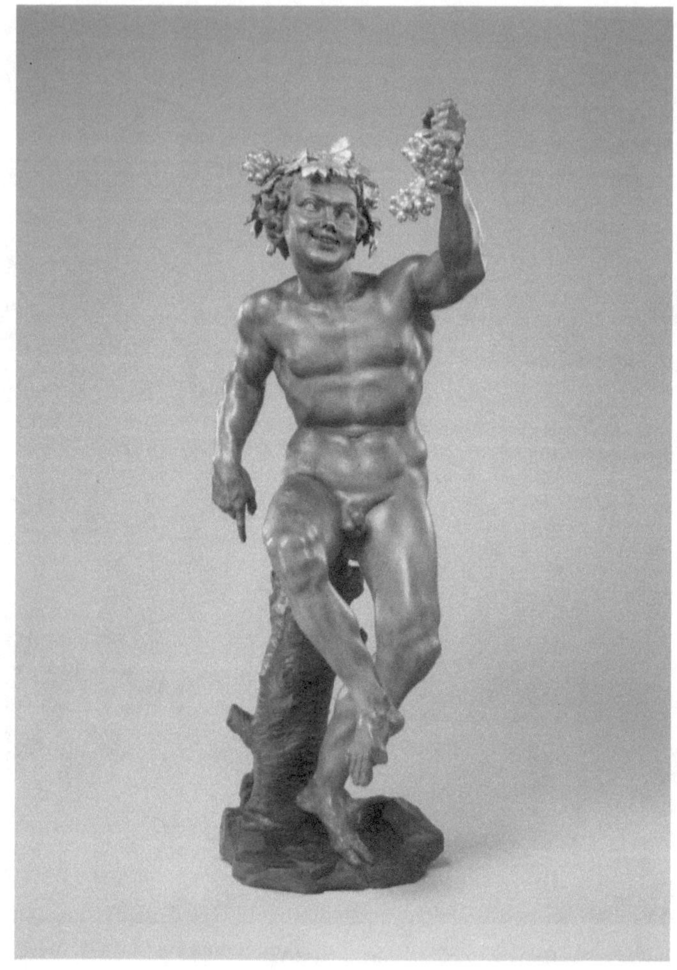

Fotoğraf 7: Baküs ve Sonbahar Alegorisi, Filippo Parodi 1630-1702, Metropolitan Sanat Müzesi, (https://www.metmuseum.org/).

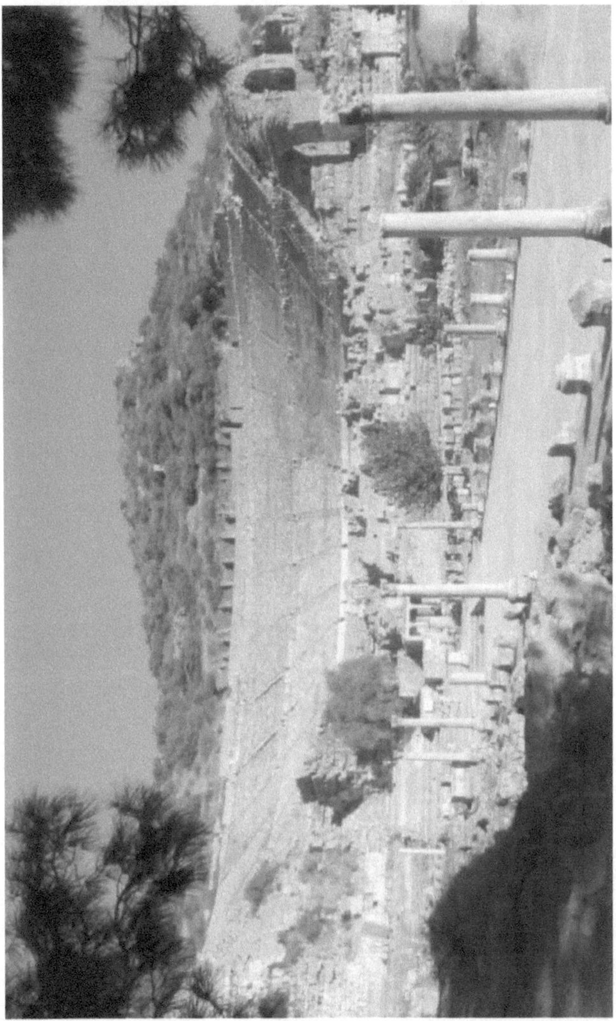

Fotoğraf 8: Efes Antik Kenti Tiyatrosu, MS 1-2. Yüzyıl, Selçuk/İzmir

Din, Devlet ve Erk

Bir önceki bölümde ele alınan örneklerin tamamında, özü itibariyle kutsalın bir tecellisi olan babasız doğanların tamamının, farklı şekillerde de olsa, gökle bir şekilde ilişkili oldukları görülmektedir[44]. Bu ilişki, metnin ilgili bölümlerinde de ifade edilmeye çalışıldığı üzere, göğe yakın olma-göğü yere indirme düşüncesi ile doğrudan alakalıdır.

...Denys'in "göksel hiyerarşi" tablosunda olduğu gibi, her şeyin üstünde tanrının saltanatı hüküm sürer ama bu saltanatın yürütücüsü kendisi değil melekleridir; bu göksel hiyerarşi, bir kutsal düzenden çok, kutsal iktidarı tanımlar; melekler sanki tanrının bakanlarıdır. Denys'in temel fikrine göre, hiyerarşinin içinde düzenli olan kutsal ve ilahi olandır. (Aktaran: Tuğrul, 2014: 76).

---

[44] Joseph Campbell bu olguyu *bakireden doğum* olarak adlandırmaktadır. Campbell, *baba*nın yaratıcı tininin, *dünyanın annesi* olarak adlandırılan bir aracıyla gerçekleştirildiğini (tecelli ettiğini) ve pek çok farklı kültürde yer alan *ilksel denizin* aslında *bakireden doğma* ile ilintili olduğunu, kadın figürün bakire olmasının ise görünmeyen bilinmezden hamile kalmasıyla alakalı olduğunu ifade etmektedir (Campbell, 2019: 263). Campbell'ın bu teorisini destekleyecek örneklerinden biri ilgi çekicidir. Fin Mitolojisinde anlatıya göre; *havanın bakire kızı* gökteki evinden sonsuz sularda yüzmek için ayrılmış, yedi yüz yıl yüzdükten sonra hamile kalarak önce göğü, güneşi, ayı ve bulutları yaratmış daha sonra ise dünyayı şekillendirmiştir. Ayrıntılı bilgi için bkz. Joseph Campbell (2019). *Kahramanın Sonsuz Yolculuğu*, (Çev. Sabri Gürses), İstanbul: İthaki Yayınları, s. 263-279.

Özellikle MÖ 4.000'lerle beraber devletin temelinin atılması[45] ve bu olgunun MÖ 3.000'ler ile beraber Mezopotamya'da kurumsallaşması, babasız doğma fenomeninin güç-iktidar-meşruiyet üçleminde bir gelişim göstermesini sağlamıştır. Zira kitapta zikredilen ve zikredilmeyen örneklere bir bütün olarak bakıldığında, tecellilerin (meydana geliş-oluş) tamamında, meydana gelenin (doğan ya da olanın) elinde bir yetkinin zuhur ettiği görülmektedir. Bu yetki sahiplerinin (eğer tanrının kendisi olarak tecelli etmediyse) ekseriya yönetici (kral-hükümdar), diğer kısmının ise bir din kurucusu-savunucusu ya da bir kahraman olması, tüzel bakımdan yetkinin (zamanla birleşecek olan) iki güç odağında; din ve devlette merkezileştiğini göstermektedir. Bu bağlamda *en kutsalın* bir tecellisi olarak vücut bulan figürün[46], aynı zamanda ilahi bir otoriteyi de taşıması kaçınılmazdır[47].

Siyasi sistemin varlığını sürdürebilmesi için meşruiyete ve meşrulaştırıcı desteğe ihtiyacı desteğe ihtiyacı bulunmaktadır. Devletin meş-

---

[45] Devletin doğuşu ile ilgili olarak bkz. Marcela Frangipane (2002). *Yakındoğu'da Devletin Doğuşu*, (Çev. Z. Zühre İlkgelen), İstanbul: Arkeoloji Sanat Yayınları.

[46] Erhan Altunay erkek için en önemli arketiplerden birinin kral (hükümdar) olduğunu belirtmekte ve pagan toplum erkeği için; kralın Tanrı'nın yeryüzündeki görüntüsü olarak taşıdığı sorumluluk-görevlerle, erkeğin aile kurumu içerisinde taşıdığı sorumluluk-görevlerinin aynı olarak algılandığını ifade etmektedir. Bu tespit, kutsal olgusu ve babasız doğma fenomeni arasındaki ilişkinin evrilebileceği ve indirgenebileceği boyutları göstermesi bakımından son derece mühimdir. Ayrıntılı bilgi için bkz. Erhan Altunay (2014). *Paganizm-I Kadim Bilgeliğe Giriş*, İstanbul: Hermes Yayınları, s. 214-225.

[47] Alaeddin Şenel bu konuya ilginç bir yaklaşım modeli geliştirmiş ve tanrı-insan ilişkisindeki bu dönüşümün insanın tanrılaşması değil, Tanrı'nın insanlaşması olarak yorumlamıştır. Ayrıntılı bilgi için bkz. Alaeddin Şenel (2019). *İnsanlık Tarihi*, İstanbul: İmge Kitabevi, s. 406-408. Bu durum, 8. dipnotta ifade edilen, Durkheim'ın savunduğu sembolizm teorisi ile de ilişkilidir. Durkheim'ın bir toplum ürünü olarak ortaya çıktığını savunduğu din teorisi ile ilgili ayrıntılı bilgi için bkz. Emile Durkheim (2005). *Dini Hayatın İlkel Biçimleri*, (Çev. Fuat Aydın), İstanbul: Ataç Yayınları.

ruiyet ve destek olmadan otoritesini ve iktidarını yürütmesi zordur. İşte bu meşruiyet ve desteği siyasi sistem, çeşitli meşrulaştırıcılarla çeşitli vasıtalardan, söz gelimi bir kurum, örgüt, veya grup gibi meşrulaştırıcılarla, gelenek, inanç, din, yasa, hukuk, ideoloji, rasyonel bir gerekçe, karizma, bir kültürel öge gibi meşruiyet vasıtalarından alabilir. (Okumuş, 2005: 42).

Ejder Okumuş'un da ifade ettiği üzere, devletin var ve sürdürülebilir olması çeşitli meşrulaştırıcılara bağlıdır. Bu açıdan en kadim meşrulaştırıcı gücün inancın kurumsallaşmış hâli olan din olduğu görülmektedir[48]. Dinin bu meşrulaştırıcı gücüne bağlı olarak; tarihi süreçte hükümdarların güçle dolu bir karakter olarak görülmesi ve farklı kültürlerdeki[49] kral-hükümdarın (birbirine benzer bir şekilde) yaratıcının enkarnesi olarak, insan-Tanrı ve Tanrı vekili olarak sayılması (Sarıkçıoğlu, 2011: 190) bir açıklanabilirlik kazanmaktadır. Bu minvalde ba-

---

[48] İskender-i Kebir, İskender-i Zülkarneyn gibi isimlerle anılan Büyük İskender, Fars Mitoloji açısından da son derece önemli bir figürdür. II. Philip'in oğlu olan Büyük İskender'in mitolojik (inançla alakalı-dinî) bir figür ve yarı Tanrı olan Herakles'in (Herkül) soyundan geldiğine inanılması (Yıldırım, 2008: 427) bu otoriterik anlayışın bir gereğidir (Fotoğraf 9). Benzer bir meşrulaştırma anlayışı Asya toplumlarında da görülmektedir. Mangu Han Fransa Kralına yazdığı bir mektupta; gökyüzündeki tek ebedi Tanrı'nın yeryüzündeki tek efendisi, onun oğlu olan Cengiz Han'dır şeklinde bir ifade geçmektedir (Harva, 2014: 111). Tanrı'nın oğlu denmese de benzer bir anlayış Asya Türklerinde de görülmektedir. Göktürk Kitabeleri'ne göre Bilge Kağan'ın hükümdarlığı, Tanrı'nın seçimi ve isteği (inisiyatifi) ile gerçekleşmiştir. Bkz. Muharrem Ergin (2003). *Göktürk Kitabeleri*, İstanbul: Boğaziçi Yayınları, s. 7, 19, 33.

[49] İran'ın kadim devletlerinden Sasaniler'de, hükümdarlar Tanrı'nın tecellisi ve güneşle ayın kardeşi olarak kabul edilmekteydi (Yıldırım, 2008: 525). Benzer bir anlayış, *kutsal evlilik* anlayışı dâhilinde Kuzey Avrupa kültürlerinde de görülmektedir. Ayrıntılı bilgi için bkz. Gro Steinsland (2015). "Tanrılar ve Dev Kadınların Çocukları Olarak Yöneticiler: Pagan Kuzey Yöneticilerin Mitolojisi Üzerine", *Viking Dünyası*, (Ed. Stefan Brink ve Neil Priece), (Çev. Ebru Kılıç), İstanbul: Alfa Yayınları, s. 281-289.

basız doğma fenomenini, insanın toplum olabilme sürecinin sonunda meydana getirdiği bir arada yaşama ve var olabilme aracının, bir başka ifadeyle; toplumsal (üst) aklın yani devletin[50] varlığı ile gerekçelendirebilmek (ve ilintilemek) mümkündür[51]. Burada vurgulanan üst aklın ürünü, pek çok siyaset felsefecisine göre devletin temel dayanağı olan *sözleşme*dir. Günümüz dünyasında hukukun üstünlüğü (anayasa) olarak tanımlanabilen bu sözleşme, *erk*e gücünü veren ana referansı oluşturmaktadır. Dolayısıyla (neredeyse ilk ortaya çıkışından modern çağa kadar) *erk*e hükmetmeyi sağlayan, halka ise itaat etmeyi mücbir

---

[50] Konu ile alakalı Kuzey Avrupa dışında, Uzakdoğu'dan da bir örnek vermek yerinde olacaktır: Japon Mitolojisine göre, Semavi Erkek Torun Ninigi-no-mikoto'nun yeryüzüne inip evlenmesi ile ilahi bir soy ölümlülere geçmeye başlamıştır. Bu evlilik mitine bağlı olarak sonraki süreçteki bütün Japon imparatorları ilahi bir soya sahip olmuş ve bu durum beraberinde ilahi bir hükümdarlık olgusunu meydana getirmiştir. Konu ile ilgili olarak bkz. Michael Ashkenazi (2003). *Japon Mitolojisi*, (Çev. Özlem Özarpacı), İstanbul: Say Yayınları, s. 260,261-326,327. Bu anlayış sadece Japon inanç sistemiyle sınırlı kalmamış, 1899 tarihli ilk Japon Anayasasında da Japon imparatoru kutsal bir figür olarak kabul edilmiştir. Ayrıntılı bilgi için bkz. Merve Balcıoğlu (2018). "Japonya'da Kamu Yönetimi ve Japon Siyasal Kültürünün Özgün Yanları", *Turkish Studies*, C: 11, S: 56, s. 709-719. Gerek inanç gerekse hukuk sisteminde yer alan bu kabulün izlerini, Japonya'da II. Dünya Savaşı'na kadar görmek mümkün olup II. Dünya Savaşı'nda Japon İmparatoru ve ilahi bir figür olarak kabul edilen İmparatoru Hiroito, savaşın kaybedilmesinin ardından ilk kez, Japon imparatorlarına ait pek çok geleneği ve tarihsel misyonu (mecburen) yıkmıştır (Fotoğraf 10). Göğün oğlu olarak vücut bulan imparator-kral tasavvuru Uzakdoğu'da sadece Japonya'yla de sınırlı değildir. Kadim Çin dininde de, imparatorlar doğrudan göğün oğlu olarak isimlendirilmekte ve hatta devletin yaşadığı sıkıntılar göğün hareketlerine ve işleyişine riayet etmemeye bağlamaktaydı. Ayrıntılı bilgi için bkz. Annamaria Schimmel (1999). *Dinler Tarihine Giriş*, İstanbul: Kırkambar Yayınları, s. 24-26.

[51] Bu gerekçe, dinin birleştirici ve bütünleştirici vasfıyla da paralellik arz etmektedir. Sosyolog Peter L. Berger'in din sosyolojisi teorisine göre din; insan merkezli olan toplumsal kuralların ve kurumların kozmik bir referans verilerek kutsallaştırılıp yasallaştırılması misyonuna hizmet etmektedir (Berger, 2015: 95).

kılan bu sözleşmenin kutsal-ilahi referanslarla ilişkili-bağlantılı olması, din-devlet algısının toplumda egemen olduğu zamanlar için son derece normaldir[52]. Thomas Hobbes, dünyevî otorite karşısında ilahi otorite gücünü şu şekilde izah eder:

...eğer egemenin karşısında gücünü Tanrı'dan aldığını ileri süre-rek onu sınırlamaya hatta ona hükmetmeye kalkışacak başka bir otorite belirirse, oyun kâğıtlarından yapılmış bir şato gibi dağılıp yerle bir olur. (Aktaran: Ağaoğulları ve Köker, 2018: 247).

Yetkinin gökyüzünden yeryüzüne indirilmesi sadedinde pek çok farklı kültürde ve dinde görülen göğe yükselme hadi-sesi, babasız doğma fenomeni dâhilinde zikredilmesi gerekli önemli bir motiftir. Faklı çeşitleri olmakla birlikte göğe yüksel-me hadisesi, ister ruhani ister fiziki olsun, bir göğe yükselme ve geri gelme faaliyetidir[53]. Pek çok örnekte kral olan ya da sonra-dan kral olacak figür gökyüzüne yükselerek Tanrı ya da tanrı-larla görüşür ve kendisine yetki verecek bir şeyler alarak (bu bazen bir obje de olabilir) yeryüzüne geri döner[54]. Bu hadise, ilahi bir yetkinin elde ediliş şekli olması bakımından oldukça önemlidir. Öyle ki, Mezopotamya'dan Mısır'a, Anadolu'dan Yunan Yarımadasına kadar, göğe yükselerek Tanrı (tanrılar) ile temasa geçen ve kendisine yönetme hakkı tanınan çok sayıda kral figürünü görmek mümkündür. Mezopotamya geleneğinde

---

[52] Devletin kuruluşunda ilahi otoritenin payı, sözleşme ve yöneten-yöne-tilen ilişkileri hakkında ayrıntılı bilgi için bkz. Mehmet Ali Akoğulları ve Levent Köker (2018). *Kral-Devlet ya da Ölümlü Tanrı*, İstanbul: İmge Kitabevi; Mehmet Ali Akoğulları ve Levent Köker (2017). *İmparatorluk-tan Tanrı Devletine*, İstanbul: İmge Kitabevi.

[53] İslam peygamberi Muhammed'in yaşadığı Miraç'ta bir göğe yükseliş ve geri geliş olup *arece* fiilinden türeyen miracın kelime anlamı merdi-vendir. Kuran-ı Kerimde geçen miraç hadisesi için bkz. İsra Suresi 17/1 ve Necm Suresi 53/13-18.

[54] Göğe Yükseliş Motifi, çeşitleri ve kullanılan vasıtalar ve elde edilen obje-ler hakkında ayrıntılı bilgi için bkz. Şinasi Gündüz, Yavuz Ünal ve Ekrem Sandıkçıoğlu (1996). *Dinlerde Yükseliş Motifleri*, Ankara: Vadi Yayınları.

pek çok farklı devlette kral figürü özelinde görülen bu motif, Yahudilik sonrası süreçte peygamberlik kurumu dâhilinde de görülmeye başlamıştır[55].

Göğe yükselip geri gelmeyi bir araç olarak kullansın ya da kullanmasın, Mezopotamya'da temellendirilen bu *yetkiyi gökyüzünden yeryüzüne indirme* girişimi, Yahudiliğin siyasallaşması ve Süleyman'ın[56] iktidarı ile bir değişim-gelişim yaşamıştır. MÖ 10. yüzyılla beraber, Tanrı'nın (kutsalın) mutlak iktidar sahibi olarak yeryüzünde *devlet* ile tezahür ettiği, Tanrı adına yapılan tapınağın Tanrı-devlet-halk arasındaki kutsal ilişkinin nesnel karşılığı olduğu ve tapınağın yeryüzündeki iktidarın simgesi olarak inşa edilmesi gerektiği anlayışı, monoteist dinlerde de görülmeye başlamıştır[57]. Bu açıdan bakıldığında Süleyman'ın iktidar şekli ve mabet anlayışının, sonraki sürecin monoteist dinlerini, özellikle de İslamiyet'in çeşitli anlayış ve uygulamalarını doğrudan veya dolaylı olarak etkilediği söylenebilir[58].

İslamiyet'in Sünni ekole göre daha bâtıni[59] tarafını temsil eden Şia düşüncesinde; Tanrı'ya (kutsala) ait olanın *velayet* ya da *peygamberlik mührü* gibi bir adlandırma ile insanda (ya da peygamberde) tecelli etmesi ve bu velayetin kan yoluyla aktarılabiliyor olmasına bağlı olarak, Tanrı'nın (Allah'ın) insanda te-

---

[55] Gerek Musa'nın gerekse sonraki süreçte Muhammed'in yetim olarak dünyaya gelmiş olması aslında bir bakıma *yetim kahraman imajı* ile de alakalı olup, bu durum babasız doğma fenomeninin bir çeşidi ya da geçirdiği değişimin bir uzantısı olarak yorumlanabilir.

[56] Yahudilik ve Hıistiyanlığa göre kral, İslamiyet'e göre ise peygamberdir. Ayrıntılı bilgi için bkz. Ömer Faruk Harman (2010). "Süleyman Maddesi", *TDV İslam Ansiklopedisi*, Ankara: TDV Yayınları, C: 38, s. 60-62.

[57] Monoteist anlayışın kendisinden önceki dönemden yegâne farkı; yeryüzündeki iktidarın-yetkinin, Tanrı'nın (kutsalın) oğlu olan bir figüre değil, üstün özellikli bir seçilmişe ait olmasıdır.

[58] Mabet-tapınak özelinde bu etkileşimin izleri hakkında spesifik bir çalışma için bkz. Stefanos Yerasimos (2014). *Türk Metinlerinde Konstantiniye ve Ayasofya Efsaneleri*, İstanbul: İletişim Yayınları.

[59] Bâtıni kelimesi burada sıfat olarak kullanılmıştır.

celli ettiğine ve buna bağlı olarak tecelli olunan insanda bir yetkinin de zuhur ettiğine yönelik çeşitli düşünceler vardır. Ayrıca İslamiyet'teki *kutup*luk, yani Allah'ın iradesinin insanî bir merkezde toplanma düşüncesi dâhilinde; direkt Tanrı'nın (Allah'ın) kendisinin değil ama onun bir kulu ve bir bakıma en seçkin yaratımı olarak kabul edilebilecek bir *en nitelikli insan* anlayışının İslamiyet'te mevcut olduğunu da ayrıca belirtmekte fayda var[60].

İlahi isimlerin ve sıfatların, ilahi özün kendinde değil de ilksel tecellide, hadisin buyurduğu üzere "on dört masum katında" (Peygamber, Fatma ve on iki imam) alakalandıkları şey, Kuran'da Tanrı'nın zatına uygun bu "antropomorf" isimlerin ve sıfatların dayanaklarıdır...

... Velayet, Tanrı'nın dostuna, sevdiğine, Tanrı'nın dostuna ve habibine layık nitelemedir. Bu ilahi yakınlık Peygamberin kendisinde, peygamberi vazifesini kaynağıdır.; şeriat getiren peygamber olarak ifşa etmediği batındır. Bu batının ifşası, İmamın mutlak velayet ile peygamberden edindiği cezbesidir. Peygamberin, Tanrı'nın kendisi aracılığıyla peygamberliği mühürlemiş olduğu peygamberlik mührü olduğu gibi I. İmam'ın da mutlak velayetinin mührüdür. (Corbin, 2016: 211, 212).

Aktarımın kan bağı ile olması aranmamakla beraber[61], İslam dünyasının geri kalanında da bir yetki-velayet aktarımı olarak kutsalın insanda tecelli etmesi hadisesini görmek mümkündür. İslam düşüncesinde tecellinin velayet-yetki boyutunda olması ve Tanrı'nın oğlu olan figürlerin görülmemesi ise İslam düşüncesindeki birlik anlayışı ve yorumu ile doğrudan ilişkilidir.

---

[60] İslam düşüncesinde hâkim olan bu *İnsan-ı Kamil* kavramını, Yahudi mistisizmindeki *Elohim Hayim* anlayışı ile de ilişkilendirmek ve bir benzerlik kurmak mümkündür. Ayrıca mistik Yahudi öğretisi Kabala'da da Tanrı'nın isimlerinin tecelli ettiği bir seçkin kişi imajı olan mesih anlayışı bulunmaktadır. Ayrıntılı bilgi için bkz. İzzet Erş (2019). *Kutsalın Yorumu Kutsal Metinler Üzerine Hermenötik Denemeler*, İstanbul: Siyah Kitap Yayınları, s. 101-177; 362-364.

[61] Seyyidlik Şeriflik bkz. Mustafa Sabri Küçükaşçı (2009). "Seyyid Maddesi", *TDV İslam Ansiklopedisi*, Ankara: TDV Yayınları, C: 37, s. 40-43.

Herhangi bir somut formu, sembolik olarak bile Tanrı'yla özdeşleştirmenin reddedilmesi, -diğer geleneklerde bulunan Tanrı-insan ya da enkarnasyonu sembolize edebilecek bir ikonun- olmayışı, İlahi birlik üzerindeki İslami ısrardan neşet eden bir durumdur. İslam'da Hıristiyanlıktaki anlamıyla hiçbir kutsal imge olmamasından dolayı, insan, kendisini, bir biçimde tanrı-insan imgesiyle özdeşleştirerek tasarlayamaz (Nasr, 2017: 239, 240).

Seyyid Hüseyin Nasr'ın özetlemeye çalıştığı düşünce paralelinde, *Tanrı'nın oğlu* olarak doğan yetki sahiplerinin İslam Dünyası'nda neden görülmediği bir anlam kazanmakla beraber[62], aslında fenomenin kimlik değiştirerek mevcudiyetini devam ettirdiği ve Tanrı'nın oğlu anlayışının (dolaylı olarak) *Tanrı'nın kırbacı, Tanrı'nın gölgesi* ve *Tanrı'nın kılıcı* gibi unvanlarla[63] sürdürüldüğü görülmektedir[64].

Şinasi Gündüz Mitoloji ile İnanç Arasında adlı eserinde şöyle bir tespitte bulunur:

Mitosları yalnızca geçmiş dönemlere ve iptidai kültürlere hasretmek ve günümüz insanını bunun dışında tutmak doğru mu? Mitoslar

---

[62] Bu değişimi aslında sadece İslam inancı ve düşüncesinin kendi pratikleri ile açıklamak doğru olmayıp durumun özellikle Roma İmparatorluğu sonrası süreçte değişen dünya-devlet algısı ve çağın şartları ile de doğrudan ilişkisi vardır. Ortaçağ Batı dünyasında Papa'nın İsa'nın ruhani temsilcisi olarak mevcudiyetini koruması ve aynı zamanda siyasi bir otoriteyi de temsil etmesi buna bir örnektir.

[63] İslam Devletlerinde kullanılan diğer unvanlar hakkında ayrıntılı bilgi için bkz. Abdülkerim Özaydın (2012). "Unvan Maddesi", *TDV İslam Ansiklopedisi*, C: 42, s. 163-166; Mehmet İpşirli (2012). "Unvan Maddesi Osmanlılar", *TDV İslam Ansiklopedisi*, C: 42, s.166; Ahmet Çaycı (2019). *Anadolu Selçuklu Sanatı'nda Gezegen ve Burç Tasvirleri*, Konya: Palet Yayınları.

[64] Çok tanrılı bir dünyada ilahi yetkinin merkezileşerek bir elde toplanması fikrinin prototipi denilebilecek ilk uygulama Yahudilerde görülür. Çok tanrılı bir doku içerisinde bulunan İsrailoğulları'nda ilk olarak İlyas Peygamber, sadece yerel tanrıları olan Yahve'ye tapılması gerektiğini dile getirmiştir. Bir ırka özgü tanrının yer aldığı bu inanç sistemi içerisinde peygamberlik kurumunun daha çok İsrail ve Yehuda krallık sarayları ile sınırlı kaldığı görülmektedir (Armstrong, 2019: 99).

yalnızca geçmiş dönemlerde kurgulanmış ve nesilden nesle aktarılarak günümüze kadar gelmiş olan eski kültürlere ait bir miras mıdır; modern insanlar tarafından üretilen köken mitosları, gelecek dönem mitosları, kahraman mitosları ve benzeri mitoslara ait güncel örnekler yok mu? Doğrusu günümüz insanının bireysel ve sosyal yapısı, duygu ve düşünceleri, hobileri, fobileri, arzu ve istekleri incelendiğinde mitosun yalnızca geçmiş dönem iptidai kültürlerine ait olmadığı, günümüz insanının da hemen her türden birçok mitos ürettiği ve bunları yaşattığı anlaşılır. (Gündüz, 1998: 29, 30).

Gündüz bu tespitleri paralelinde ayrıca; Antik dönem insanlarının kahraman-üstün insan arayışı ile Müslümanların soyunu İslam peygamberi Muhammed başta olmak üzere çeşitli din büyüklerine dayandırma arzusu arasında bir benzerlik olduğunu belirtmektedir (Gündüz, 1998: 30, 31).

Erk-devlet-iktidarın gücünü meşrulaştırmak için kutsal bir referansa ihtiyaç duyması, aynı zamanda bu referansın insanoğlunda bir karşılığının olmasıyla da alakalıdır. Yirminci yüzyılın ortalarında bir imparatoru Tanrı'nın oğlu olarak görmek, aynı zamanda bir bakıma görmeyi de istemekti. Keza daha yakın geçmişte ve günümüzde, dinî söyleme sahip kişilere inanmak da aynı zamanda o kişiye inanmayı istemek, inanma ihtiyacını hissediyor olmakla alakalıydı. Bu inanma-inanmayı isteme hâli, kitapta babasız doğma adıyla anlatılan fenomenin dolaylı olarak ilişkili olduğu (kısmen elli beşinci dipnotta da vurgulanan) kahraman imajıyla alakalıdır[65].

---

[65] Herkes için geçerli olan ve en kolay bulunabilen kahraman *atadır*. Çocuklara dedelerinin isimlerinin verilmesi geleneği, bu düşünce paralelinde ölen atayı ölümsüzleştirmek için kullanılan bir metottur. Konu hakkında Ortadoğu özelinde yapılmış bir çalışma için bkz. Pierre Boudieu (2019). *Eril Tahakküm*, (Çev. Bediz Yılmaz), İstanbul: Bağlam Yayınları, s. 25-36.

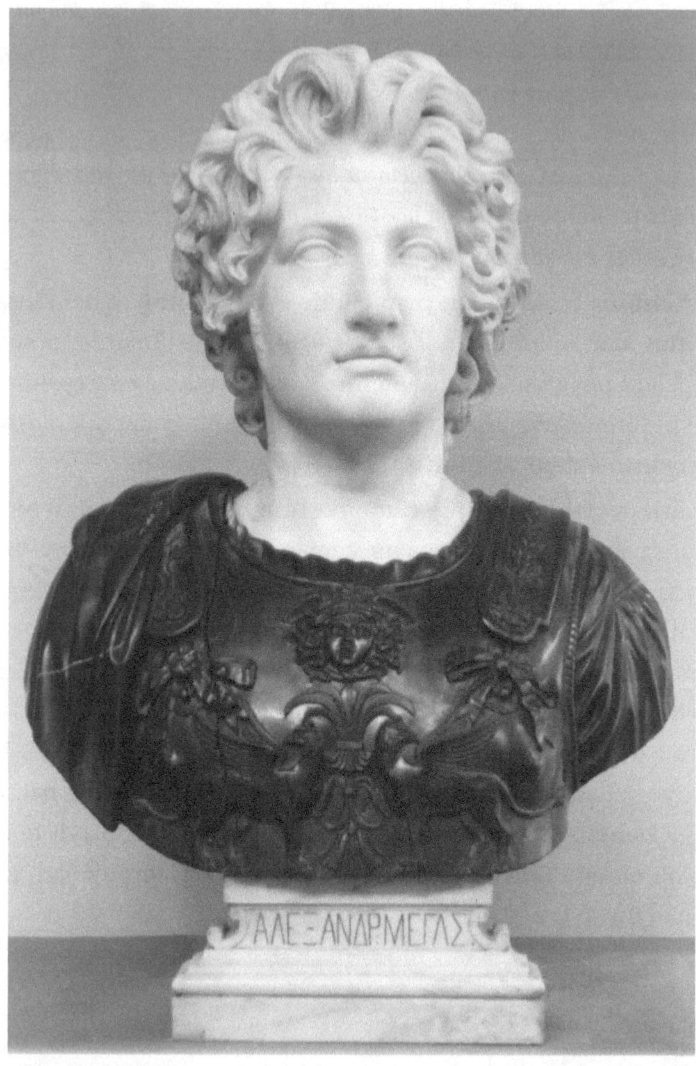

Fotoğraf 9: Büyük İskender Büstü, Viktor Brodzki, 19. Yüzyıl, Metropolitan Sanat Müzesi, (https://www.metmuseum.org/).

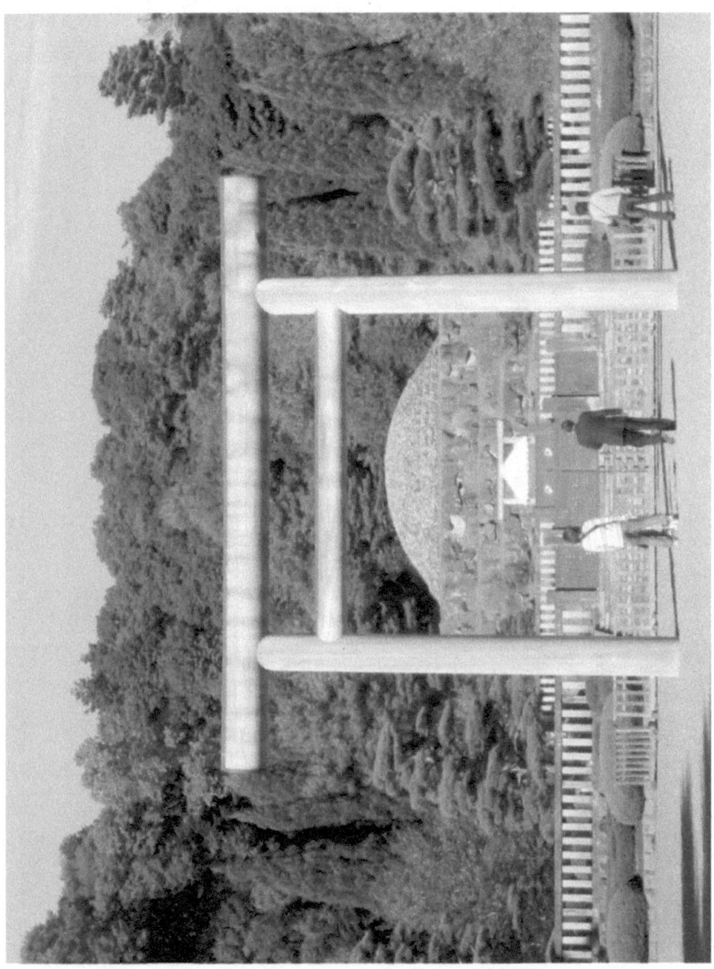

Fotoğraf 10: Japon İmparatoru Hiroito Anıt Mezarı, Kyoto/Japonya,
(Bridgecross, https://en.wikipedia.org/).

Babasız Doğma Fenomeni ve Mimari

Babasız doğma fenomeninin sanata olan tesirleri iki ayrı çerçevede ele alınabilir. Nispeten daha dar olan çerçevede; fenomenin, Hindistan özelinde dans ve müzik gibi sanatsal faaliyetlere tesirinden ya da Dionysos örneğinde olduğu gibi, tiyatro ve diğer sahne sanatlarının doğuşuna etkisinden bahsedilebilir. Ayrıca, vakıaya ikonografik ve ikonolojik açıdan bakıldığında; Hıristiyanlıktaki İsa ve Budizm'deki Budda tasvirlerinin başlı başına apayrı bir çalışma konusu olacak kadar zengin bir envanter sunduğu da muhakkaktır [66].

Bununla birlikte, bir önceki bölümdeki tüm bu tespit, analiz ve yorumlamalardan hareketle şöyle bir genel değerlendirmede de bulunulabilir:

Eğer babasız doğma fenomeni olarak tanımlanan olgu, kutsal (Tanrı) merkezli bir göğü yere indirme çabası ve aslında gökteki kutsal sistem ve hiyerarşinin yeryüzünde de inşası ise kutsal ve ilahi-uhrevi olanın (Tanrı'nın) gökyüzünde[67] yaptığının yeryüzünde de yapılması gerekliliği doğmaktadır. Bu bağlamda, devlet düşüncesinin ortaya çıkmasından itibaren kutsalın yetkisini elinde bulunduranın tüm icraatları gibi sanat ve

---

[66] Her iki inanç sisteminde de, özellikle de Hıristiyanlıkta, tezyini sanatın özünü bu figürel ikonografi-ikonoloji oluşturmaktadır.

[67] Burada gökyüzü olarak ifade edilmek istenen kozmik, soyut, metafizik ve (veya) manevi olarak algılanmalı.

mimarlık faaliyetlerini de[68] bu açıdan ele almak ve yorumlamak gerekmektedir.[69] Eğer kutsal (Tanrı) soyut-manevi ya da kozmik olanı düzenliyorsa onun oğlu ya da temsilcisi de (kral, hükümdar, sultan vs.) somut olanı düzenlemek zorundadır. Tanrının bir sarayı, tahtı (makamı) varsa, onun oğlu ya da temsilcisinin de bir tahtı olmak zorunda ve Tanrı'nın (kutsalın) mekânı yukarıdaysa, onun adına yapılan yapılar da ona yakın olmak zorundadır[70]. Tanrı kutsal olan olarak en büyük ve yüceyse, onu temsil eden simgeler de o denli büyük-yüce olmak zorundadır[71]. Vakıaya bu perspektiften bakıldığında, resmî ve dinî yapıların inşa ediliş gerekçelerinden boyutlarına, programlan-

---

[68] Osmanlı padişahlarının yapı inşası ve kentlerin imarı hakkındaki emirleri için bkz. Zeki Sönmez (1988). *Mimar Sinan İle İlgili Yazmalar-Belgeler*, İstanbul: Mimar Sinan Üniversitesi Yayınları, s. 124-140.

[69] Mircea Eliade, Babil mimarisi özelinde yaptığı değerlendirmelerde; bir zigguratın kozmik bir gökyüzü sembolizmi ile ele alınmadan anlaşılmasının mümkün olmadığını belirtmekte ve zigguratın katları ile evrenin bölümleri arasında bir ilişki olduğunu savunmaktadır. Ayrıntılı bilgi için bkz. Mircea Eliade (2002). *Babil Kozmolojisi ve Simyası*, (Çev. Mehmet Emin Özcan), İstanbul: Kabalcı Yayınevi, s. 26-32. Bu gökyüzü-mabet ilişkisini Mezopotamya'da İslamiyet sonrası süreçte de görmek mümkündür. İslam dininin kutsal yapısı Kâbe, Müslümanlarca (boyutları itibariyle yüksek olmasa da), kutup yıldızının tam karşısında yer alması münasebetiyle en yüksek yapı olarak kabul edilmekteydi (Aktaran: Eliade, 2018b: 28). Bununla birlikte pek çok dindeki çeşitli mabetler, o dinin yegâne figürü ile doğrudan ilişkilendirilmektedir. Bu minvalde örnek vermek gerekirse, tüm fonksiyonlarının ötesinde bir kilise, planlanması itibariyle, İsa'nın; bir Budist Stupa'sı ise Budda'nın bedenini simgelemektedir. Konu hakkında ayrıntılı bilgi için bkz. Jale Nejdet Erzen (2017). *Üç Habitus Yeryüzü Kent Yapı*, İstanbul: YKY, s. 195-204.

[70] Bu bağlamda kral ve anıtmezar geleneği arasında da bir bağlantı oluşturulabilir ve yüksek anıtmezar olan piramitlerden, tümülüslere, türbelerden hazirelere; kutsallık, mabet ve ölüm arasında da dolaylı bir ilişkinin olduğunu savunulabilir.

[71] *Yüce*nin kutsal olarak algılanmasının ve estetikle ilişkisinin felsefi temellerine yönelik alternatif bir değerlendirme için bkz. Immanuel Kant (2010). *Güzellik ve Yücelik Duyguları Üzerine Gözlemler*, (Çev. Ahmet Fethi), İstanbul: Hil Yayınları.

malarından tezyinatına[72] kadar, oluş ve meydana geliş prensipleriyle (en az beş bin yıllık bir perspektifte) babasız doğma fenomeni arasında bir ilişki kurmak mümkündür[73] (Fotoğraf 11, 12).

İsmail Tunalı, *Sanat Ontolojisi* adlı eserinin *Mimari Eserin Ontolojik Vasıfları* kısmında bu ilişkiyi (dolaylı olarak), yapıtın metafizik boyutu tanımına bağlı olarak[74] şu şekilde izah etmiştir:

Bu üç tabakaya sanat eserinin ide tabakası adı verilir. Bu tabaka, pratik tabakadan en uzak olan tabakadır. Yapı eserinin ereğinin ideal bir erek olduğu yerde, bu iç tabaka, yapı eserinin ereği ile karşılaşır, tapınaklarda, kiliselerde, kültür yapılarında, saray ve bunlara benzer şeylerde olduğu gibi. Anıtsal yapıların ideal ereği, onlarda ifade bulan insan ide'si ile özdeş değildir. Bu, açık olarak, tapınak ve kilise yapılarının büyüklüğünde görülebilir. Bunlar belli Tanrıların şerefine kurulur ama onlar çağları aşar geçerler; onları belli bir Tanrı adına bağlayacak hiçbir insan olmayınca, yine onlar aynı idealite içinde bulunurlar; yani insan ölçüsünün dışına çıkan bir büyüklüğün ve istem'in ifadesi olarak daima hissedilirler. (Tunalı, 2014: 137, 138).

---

[72] Süsleme sanatlarındaki *sonlanmama kurgusu* dahi bu bağlamda değerlendirilebilir olup Selçuk Mülayim, Anadolu Türk Mimarisindeki geometrik süslemelerin genel özelliklerinden birinin sonsuzluk ilkesi olduğunu belirtmektedir (Mülayim, 1982: 70). Buradan hareketle bir süsleme programında vurgulanmaya çalışılan sonsuzluk algısı ile yegâne sonsuz olan olgu arasında bir ilişki olduğunu düşünmek mümkündür (Fotoğraf 13).

[73] Arap dünyasında gökyüzü ile olan irtibat ve bu irtibatın inanca tesiri İslamiyet öncesi süreçte de mevcuttu. İslamiyet öncesi Arap toplumunun en büyük ilahlarından olan ve Kuran-ı Kerim'de de ismi zikredilen Lât ve Uzza, güneş ve gökyüzü ile ilişkili tanrıçalardı. İslam öncesi Arap inancı için bkz. Murat Özcan (2018). "İslamiyet'ten Önce Arap Mitolojisi", *Doğu ve Batı Mitolojileri*, Ankara: Delta Kitap, s. 15-24.

[74] İsmail Tunalı ilgili eserinde bu metafizik boyutu *üçüncü tabaka* olarak adlandırmıştır.

İsmail Tunalı'nın kastettiği bu hissediş, sanat eserinin tinsel yönü-boyutu olarak da ifade edilebilir olup bu ifadeye göre sanat; (genel hatlarıyla) tinselle duyusalın eşzamanlı[75] olarak bir araya gelişi olarak tanımlanabilir[76] (Sözer, 2019: 5).

Sanat eserinin meydana gelişi ve babasız doğma fenomeni ilişkisi bağlamında geliştirilen bu yaklaşımı, İslamiyet sonrası sürecin sanat ve mimarlık anlayışı içinde de (hükümdarların Tanrı'nın temsilcisi olmaları sıfatıyla) görmek mümkündür.

O, kendi suretini insan aracılığıyla izhar eder. Nitekim insanın Tanrı'nın suretinde yaratılmış olması da Tanrı'nın insan suretinin bir prototipi olduğu anlamına gelmektedir. Eğer bakir tabiat, Tanrı'nın sureti ise, o hâlde bu tabiatın merkezinde yer alan insan da böyle olmak durumundadır; insan bir taraftan kendisini çevreleyen ilahi surete tanıklık etmekte, diğer taraftan da kutsal sanatta olduğu gibi Tanrı'nın insan biçimini alması durumunda, bu ilahi surete dönüşmektedir. (Schuon, 2017: 51, 51).

---

[75] Burada vurgulanan *eşzamanlılık*, aslında mevcut olanla olmayan, duyu organlarıyla temas edilen-edilmeyen ve bir bakıma bu dünyada olan ve olmayanın ortak bir algılamayla değerlendirilmesidir. Konuya bu perspektiften ve mimari özelinde bakıldığında, yapı, *zamansal* olanın *mekânsal* olana dönüşmesi olarak tanımlanabilir. Ayrıntılı bilgi için bkz. Onay Sözer (2019). *Sanat: Görünendeki Görünmeyen*, İstanbul: YKY, s. 3-20.

[76] Martin Heidegger insanın dünyadaki yaşamını bir *fırlatılmışlık* olarak tanımlamaktadır. Bu *fırlatılmışlık* teorisi, fırlatılan (gelinen-bilinmeyen) ve mevcut olunan-bulunulan yer (dünya) odaklı ele alındığında, sanatın tinsel yönü ve insanın her türlü (hakikat) arayışı arasında bir ilişki kurulabilir ve arayış, gelinen yere özlem olarak yorumlanabilir. Ayrıntılı bilgi için bkz. Martin Heidegger (2019). *Nedenin Neliği*, (Çev. Saffet Babür), Ankara: Bilgesu Yayınları.

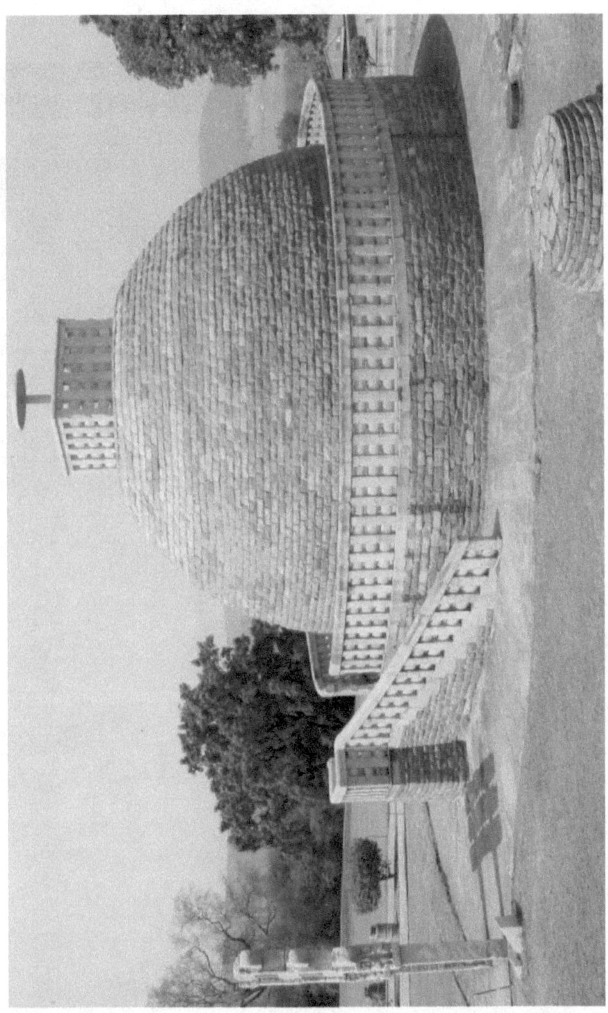

Fotoğraf 11: Büyük Stupa, MS 3. Yüzyıl, Sanchi/Hindistan, (Kandukuru Nagarjun).

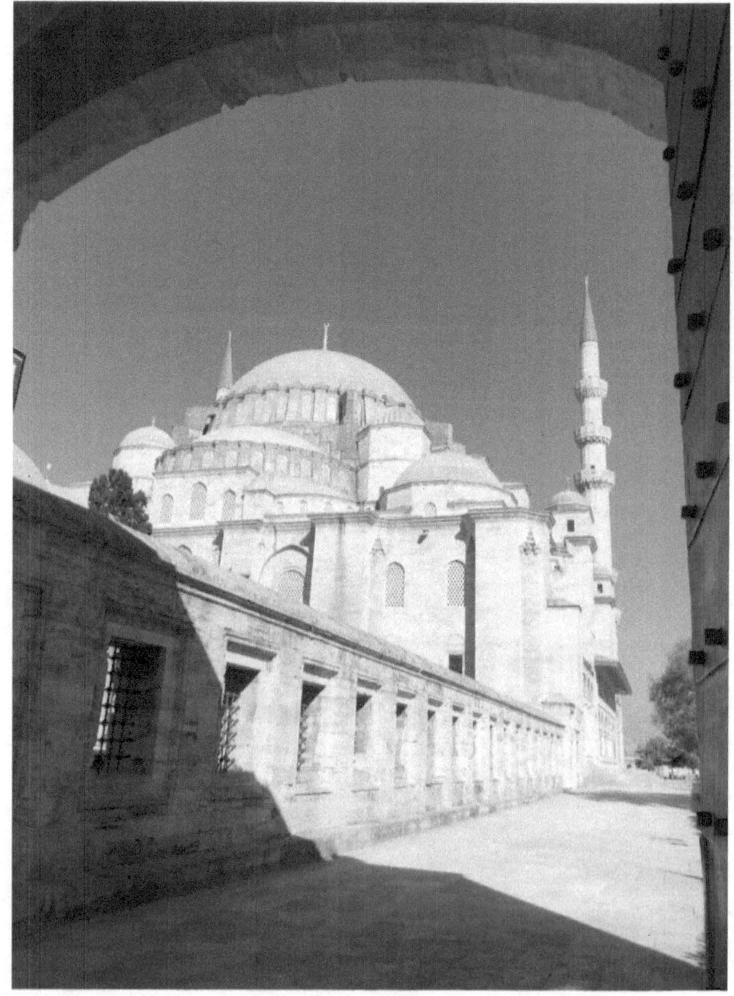

Fotoğraf 12: Süleymaniye Camii, 1550-1557, İstanbul.

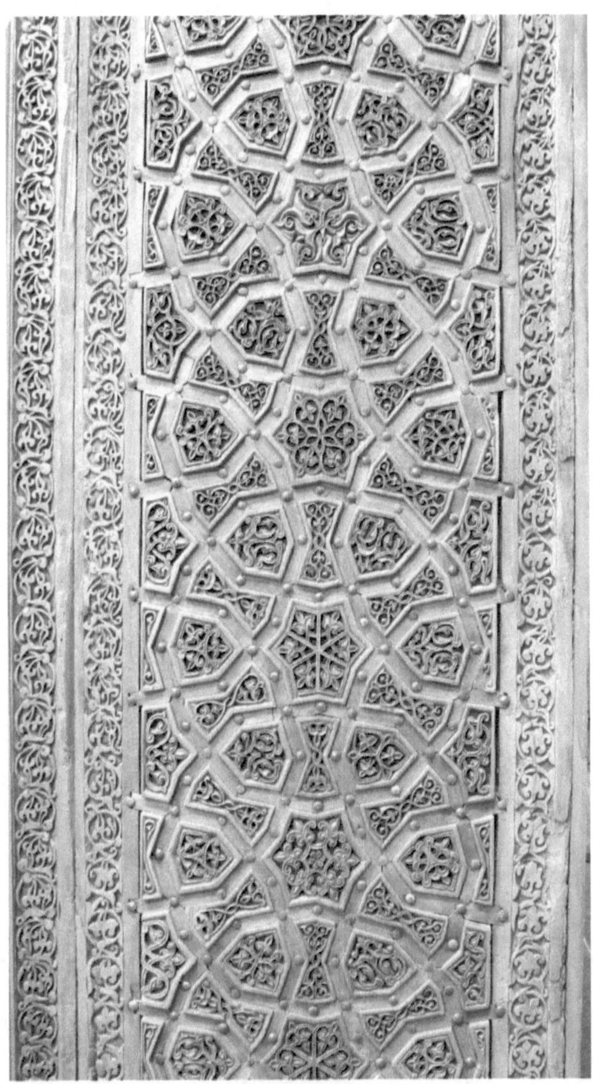

Fotoğraf 13: Kayseri Ulu Camii Minberi, Köşk Altı Kısmı,
13. Yüzyıl.

Sembolizm ve Göstergebilim[77]

Bir önceki bölümdeki ifadelerden hareketle babasız doğma fenomeni ve mimarlık arasındaki ilişkinin iki belirleyici çevresinde şekillendiği görülmektedir. Bunlardan biri *sembolizm* diğeri ise *göstergebilim*dir. Bu bakımdan her iki belirleyicinin de sanat ve mimari ile olan ilişkisi üzerinde durmak gerekmektedir.

İnsanın duyu organlarına büyük ve yüce olarak hitap eden bir nesnenin insan algısında Tanrı'yı çağrıştırması, yüzlerce yıllık tecrübenin izlerini taşıyan bilinçaltı için son derece normal bir durumdur. Rudolf Otto, kutsalın özü olarak Tanrı kavramı ile eşdeğer gördüğü *numinous*un sanattaki karşılığının özel olarak mimari, mimarideki karşılığının ise *ihtişam* olduğunu vurgulamakta ve ihtişamı üç unsurun; sessizlik, karanlık ve boşluğun nitelediğini söylemektedir (Otto, 2014: 100, 103). Edmund Burke ise yüce ve yüceliği oluşturan teknikler ile kişi algısı üzerindeki etkisi hakkında şunları söyler:

Netice olarak yüce kavramını uyandırmak üzere tasarlanmış bütün yapılar, iki nedenden dolayı epeyce loş ve kasvetli olmalıdır. İlk olarak, bizzat karanlığın diğer durumlarda tutkular üzerinde ışıktan

---

[77] Kitabın *Sembolizm ve Göstergebilim* adlı bu bölümünün bir kısmı, İnanç, Mimarlık ve Algı Üzerine Mülahazalar adlı bir makalemden alınmıştır. İlgili makale için bkz. Muzaffer Yılmaz (2017). "İnanç, Mimarlık ve Algı Üzerine Mülahazalar", *Eskişehir Osmangazi Üniversitesi Sosyal Bilimler Dergisi, C: 18, S: 2, s. 67-92.*

çok daha fazla etkisi olduğu tecrübeyle sabittir. İkinci olarak da, bir nesneyi çarpıcı hâle getirmek için, onu doğrudan aşina olduğumuz nesnelerden mümkün olduğunca farklı hâle getirmemiz gerekir. Bu nedenle, bir binaya girdiğinizde açık havadan daha aydınlığa geçemezsiniz; bir kaç derecelik daha loş bir yere girmek yalnızca önemsiz bir değişiklik sağlanabilir ama geçişi bütünüyle çarpıcı hâle getirmek için, mümkün olan en fazla aydınlıktan, mimarinin amaçlarına göre mümkün olan en karanlık duruma geçmeniz gerekir[78] (Burke, 2008: 85).

Burada bir yapıtın insan algısında herhangi başka bir şeyi çağrıştırması, onun işlevi dışındaki *maksadı*, yani mimarinin görünen *düzanlamı* dışındaki sembolik *yananlamı* ile ilişkilidir. *Düzanlam*, bir yapının birinci gösterileni yani bir bakıma işlevi-fonksiyonelliği; *yananlam* ise fonsiyonelliğin dışında gönderme yapılan olgu, sembolik mesaj olarak tanımlanabilir (Eco, 2019: 28, 33). Bu bağlamda yapı bir *gösterge* durumuna getirilmektedir. Gösterge, özü itibariyle bir uyarıcıdır ve uyandırdığı imge, *gösterilen*in zihninde dolaylı olarak bir başka imgeye bağlanarak[79] aslında bir iletişim meydana getirir (Guiraud, 2016: 39). Bu noktada önemli husus, bu sembolik anlatımların ya da dolaylı mesajların hitap ettiği kitle (gönderilen-alıcı) açısından bir önem taşımasıdır. Bu *önem* ise esas itibariyle, *gösteren*, *gösterge* ve *gönderileni* birbirine bağlayan *kültür* ile ilişkilidir.

Konuya İslam Sanatı özelinde bakıldığında; genel bir ifadeyle İslam mimarisinin temel gayesinin makro kozmosu mikro

---

[78] Işık, İslâmî açıdan da varoluşun birliği (vahdet'ül vücûd) fikrini ifade etmek isteyen sanatçı için, geometri ve ritim ile beraber kullanılan üçüncü araçtır. Bkz. Titus Burckhardt (2009). *İslam Sanatı Dil ve Anlam*, (Çev. Turan Koç), İstanbul: Klasik Yayınları, s. 112.

[79] Bu duruma bir örnek vermek gerekirse; taht, düzanlamı bakımından bir oturma nesnesidir. Fakat yananlamı itibariyle onu görenin zihninde herhangi bir oturma-dinlenme alanı değil, bir iktidar-güç simgesidir.

kozmosta görme arzusu olduğu söylenebilir[80]. İslam halifesi Ali'nin şu sözü, mevzuyu somutlaştırmak açısından önemlidir:

Sen kendini küçük bir cisim sanırsın ama en büyük âlem sende gizlidir (Aktaran: Kaya, 2011: 190).

Tasavvuf ekolüne mensup pek çok âlim ve arifin benzer mahiyette sözleri bulunmaktadır. Mevlana Celaleddin Rumi; *İnsan Tanrı'nın usturlabı* (Mevlana Celaleddin Rumi, 1994: 17); Muhyiddin İbn Arabi ise; *Allah'a delil insandır* (Aktaran: Demirli, 2014: 109) diyerek bu realiteyi vurgulamışlardır.

İslam düşüncesinde, genel olarak İslam dünyasının düşünsel kemalinin bir neticesi olarak tasarlanan ideal şehrin bile insanî özellikleri taşıması gerektiği ve kâinat nasıl insanda tecelli ediyorsa insanın da aynı şekilde şehirde tecelli etmesi gerektiği yönünde görüşler bulunmaktadır. Büyük İslam âlimi Farabi, El Medinet'ül Fazıla (İdeal Devlet) adlı eserinde konu ile alakalı olarak şunları söyler:

Erdemli ve mükemmel şehir, bütün organları canlı varlığın hayatını tam kılmak ve bu canlı durumda tutmak için birbirleriyle yardımlaşan tam ve sağlıklı bir bedene benzer... ve bedenin organlarında bulunan tabii kuvvetlere, şehrin kısımlarında bulunan iradi meleke ve istidatlar tekabül eder (Farabi, 2017: 98-100).

Bu anlayış paralelinde sanat da (İslami açıdan), küçük âlem olan insanda, yaratıcıya ait olan ve kendinde açığa çıkmış isimlerin yine kendinde tecelli ederek fiiliyata dönüşmesinden ibaret bir hadisedir. Nitekim İslam peygamberi Muhammed; *baktığımda kendisinde Allah'ı nazar etmediğim hiçbir şey görmedim* diye-

---

[80] İslam-evren-mimari üçleminde konunun temel nirengi noktasının insan olduğunu belirtmek gerekir.

rek aslında bu hakikati ifade etmektedir[81] (Necmeddin-i Daye, 2013: 383, 384).

Bütünün parçada tecelli ettiği algısı ile sanatın dolaylı anlatım tarzının birleşmesi, İslam sanatına doğrudan taklitten kaçınan, soyut bir mahiyet kazandırmıştır. Buna binaen de İslam sanatçısı, tabiatı birebir taklit etme (mimesis) yerine, tabiattaki soyut unsurlara yönelerek tevhit ve tenzih hassasiyetine bağlı ürünler ortaya koymuştur (Çaycı, 2016: 198). Geometrik şekillerinde yüksek derecede soyutlamalar olduğu düşünüldüğünde, gerek İslam mimarisinde gerekse tezyinatında bu sebepten dolayı yoğun bir geometrik repertuarı görmek mümkündür[82].

...Çünkü ulûhiyetin kavranmasını ve takdirini kavramlar ve kategorilere dayalı akıl yürütmelerle bulmamız mümkün değildir. Kavramlarla çalışana akıl, doğal düzeni kavrayan bir bilinç tarzıdır. Ancak doğal düzende bir değer basamağı bulunmamaktadır. İlahi düzeni kavrayan bilinç tarzı ise sezgiseldir. Sezgiye en yakın düşünen dil ise dolaylı anlatım türü olan sembolik dildir. (Ögke, 2005: 25)

İslami dönem yapıları dışında, yapıları meydana getiren öğelerde de bir tür dünyayı algılayış biçiminin tezahürü olarak ortaya çıkmış olan sembolik anlatım tarzının izleri sürülebilir. Minare ve alem, buna güzel bir örnektir. İslam mimarisinde ilk

---

[81] Bu açıdan Batı dünyası ile Doğu dünyası birbirinden kısmen de olsa ayrılmaktadır. Çünkü kadim Hıristiyanlık sanatında, *her şey*in Tanrı'ya (hakikate) ulaşması için bir gaye güdülmüşken; doğuda, Tanrı'nın (hakikatin) *her şey* de görünmesi amaçlanmıştır.

[82] İslam Sanatında Geometrik Süsleme hakkında ayrıntılı bilgi için bkz. Yıldız Demiriz (2001). *İslam Sanatında Geometrik Süsleme*, İstanbul: Yorum Sanat Yayınları. Osmanlı Mimarisi, özellikle de Mimar Sinan yapılarındaki geometrik tezyinatla alakalı derinlemesine bir çalışma için bkz. Serap Ekizler Sönmez ve Aziz Doğanay (2015). "Mimar Sinan Camilerinde Kare ve Altıgen Kurgulu Geometrik Desenler ve Analiz Yöntemleri", *Türk-İslam Medeniyeti Akademik Araştırmalar Dergisi*, S: 19, s. 87-108.

minare örnekleri Kayravan (M. 726), Harran (M. 750) ve Samarra (M. 852) camilerine aittir (Bloom, 1989: 31,36,37,61). Üzerinde ezan okunan, yüksek ve kulevarî bir mahiyet arz eden minare, ışık anlamına gelen nur kelimesinden türemiş olup, mabedin göğe (bir bakıma güneşe-ışığa) uzanan en yüksek kısmıdır. Bu özellikleriyle minareler, zarif bir tanımlamayla; âlemi Ezan-ı Muhammedi ile ışıtma mahalli, tenvir ve istihare makamı olarak da yorumlanabilirler (Cündioğlu, 2012: 25). Elif harfi İslamiyet'teki cem makamı olup ona ait olan isim, her şeyi ayakta tutmak olan kayyumluktur (İbn Arabi, 2015: 86). İslam sembolizminde teklif ve birlik makamının sembolü olan elif harfinin adeta mimarideki karşılığı olan minareler, aynı zamanda haşmet ve celal sıfatının da sembolüdürler (Çaycı, 2017: 134, 136). Mabedin göğe en yakın kısmı olan minarenin en uç kısmında ise alem bulunmaktadır. Alemin uç kısmında yer alan hilâl, İslam sembolizminde Allah'ı temsil etmektedir[83]. Bununla birlikte Sâî Mustafa Çelebi, Mimar Sinan'ın anılarından oluşan Tezkiretü'l Bünyan ve Tezkiretü'l Ebniye adlı eserinde, alemin bizzat Hz. Muhammed'i simgelediğini belirtmiştir (Sai Mustafa Çelebi, 2003: 83). Görüldüğü üzere İslam mimarisinde minare ve alem, ortaya çıkış prensipleri itibariyle fonksiyonelliklerinin çok ötesinde, yaratıcı ile peygamberin (kutsalların) temsili olmaları münasebetiyle derin sembolik manalar taşımaktadırlar.

Yapı ve öge ile kutsal arasında bu şekilde bir ilişki kurmak doğu için sadece İslam dünyasına özgü bir gelenek değildir. Örneğin Budizm'de kişinin Tanrı'yla irtibatında nesne yardımının çok özel bir yeri vardır. Kadim Hint öğretisine göre de

---

[83] Ebced hesabına göre her iki kelimenin de sayı değerleri 66'dır. Ebced Hesabı için ayrıntılı bilgi için bkz. Ramazan Ayçiçek (2004). "Bilgi Değeri Açısından Cefr ve Ebced-Harfler ve Rakamlar Metafiziği-", *Milel ve Nihal (İnanç Kültür ve Mitoloji Araştırmaları Dergisi)*, Y: 2, S: 1, s. 75-114.

dünyadaki tüm sanatlara, devaları (ilahi ruh-Tanrı) taklit etmek suretiyle ulaşılabilirdi. Buna paralel olarak stupalar da Budizm'de sadece bir mezar anıtı olarak faaliyet göstermemekte, kendi mümini için dünyanın bir modelini ve Budda'nın bedenini simgelemekteydiler (Eliade, 2004: 22, 23). Tapınağın kendisinin ilahi ruhun bir tezahürü ve sembolü olmasının yanında Hindular için tapınak, aynı zamanda Tanrı'nın görülebilir olduğu yerlerdi (Michell, 1988: 61). Bu bağlamda özellikle *mandir* (bekleme yeri), *prasada* (lütuf yeri) veya *devalaya* (Tanrı evi) olarak adlandırılan ve Hindu coğrafyasının genelinde yoğun bir biçimde görülen yol kenarı tapınakları dikkat çekicidir (Fotoğraf 14). Hinduların daha çok *mandir* dediği, bir yol kenarında ya da kaldırım üzerinde de görülebilen hatta seyyar çeşitlerinin de olduğu bu yol kenarı tapınaklarının (hâlen) Tanrı'nın dünyevi evi olduğuna ve burada kendisine ibadet edenleri beklediğine inanılır (Öztürk, 2019: 17). Ortaçağ Avrupa'sındaki katedrallerin şehrin merkezine inşa edilmeleri dahi benzer bir yaklaşımın gereği olup bu yapılar şüphesiz, sadece yüce bir yapı inşa edilmesi ile alakalı bir inisiyatifin gereği değillerdi.

Ortaçağ insanı, her şeyde Tanrı'ya ilişkin bir bağlantı arayan sezgisel gerçekler ve betimlemelerle dolu bir dünyada yaşamaktaydı (Eco, 2016: 96). 13. yüzyılın önemli yazar ve düşünürü Dante, *zahirdeki ve görünen anlamlar sadece bir örtüden ibarettir* diyerek, aslında bu dönemin dünya görüşünü özetlemektedir (Aktaran: Guenon, 2014: 9). Göründüğünün ötesinde anlamlar taşıyan bu dünyada, mimari de yalnızca fonksiyonel kaygılar taşımıyordu. Bir Gotik katedralin büyüklüğü sadece çok fazla inananı içine alabilmesine olanak tanımıyor, aynı zamanda göğe öykünmeye çalışan yüceliği ile hem Tunç Çağı'ndaki geleneği devam ettiriyor, hem de insanların üzerinde bir yüce algısı oluşturuyordu (Fotoğraf 15). Aslında inanç bir bakıma, mimarinin tüm olanaklarıyla bir algı yönetimine girişiyordu denebilir. Ortaçağ katedrallerinin dış cephelerinde gördüğümüz fantastik yaratıklar bile, aslında benzer bir amaca hizmet ederek *kötülükler kilisenin dışında* şeklinde alegorik bir mesaj veriyordu (Fotoğraf 16).

Tüm bu çıkarım ve yorumlara ilave olarak; günümüz İslam dünyasında artık bir *kitsche* dönüşen yüksek, büyük ve süslü saplantısından da bahsetmek gerekmektedir. Yüceliğin yükseklik, zarafetin ise zenginlik ile karıştırılmasına güzel örnekler olan bu çağdaş uygulamalar, aslında mimarlığın işlevsellik misyonuna bile hizmet etmemekte, salt gösteriş odaklı güdümlü tutum (dirijizm) kaygısı taşımaktadırlar. Kutsal olgusunun kimlik değiştirmesine rağmen, yüceliği yükseklikle ilişkilendirmekten vazgeçemeyen bu gösteriş odaklı yapıları meydana getiren zihniyetin, önceki sayfalarda bahsedilen düşüncelerin bilinçaltımızda bıraktığı izlerle bir alakasının olup olmadığı da bu kertede zikredilmesi gereken önemli bir sorudur[84] (Fotoğraf 17).

---

[84] Bilinçaltı ve inanç ilişkisi ile ilgili ilginç bir çalışma için bkz. Talat Parman (2018). "Mit, Efsane, Destan, Hikaye, Anlatı, Söz, Söylem Sahi Neden Anlatıyoruz ?", *Psikomitoloji İnsanı Öykülerinde Aramak*, (Ed. M. Bilgin Saydam ve Hakan Kızıltan), İstanbul: İthaki Yayınları.

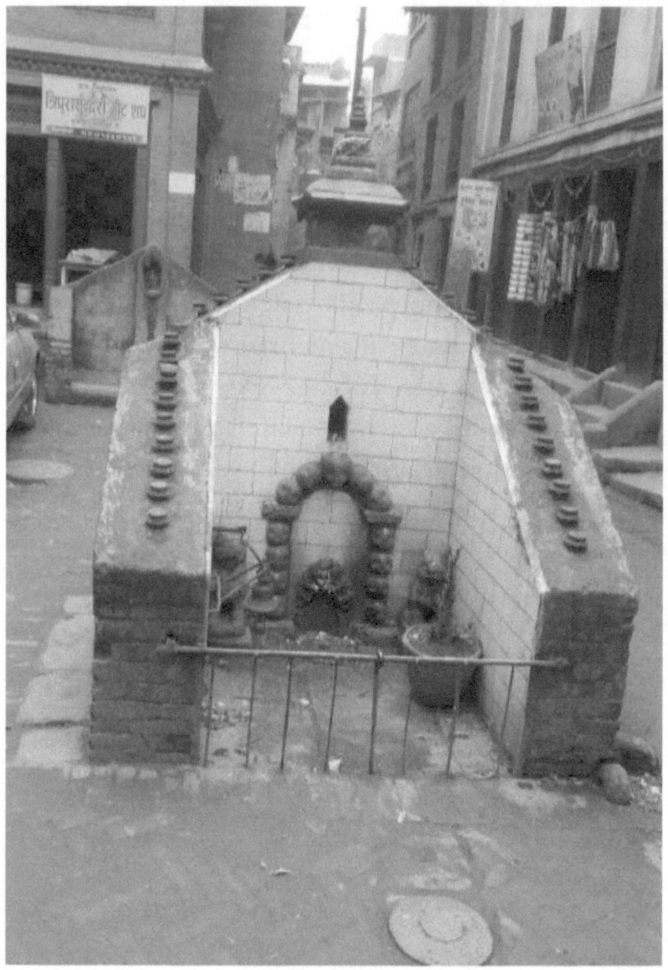

Fotoğraf 14: Bir Yol Kenarı Tapınağı, Tarihsiz, Katmandu/Nepal
(Nermin Öztürk)

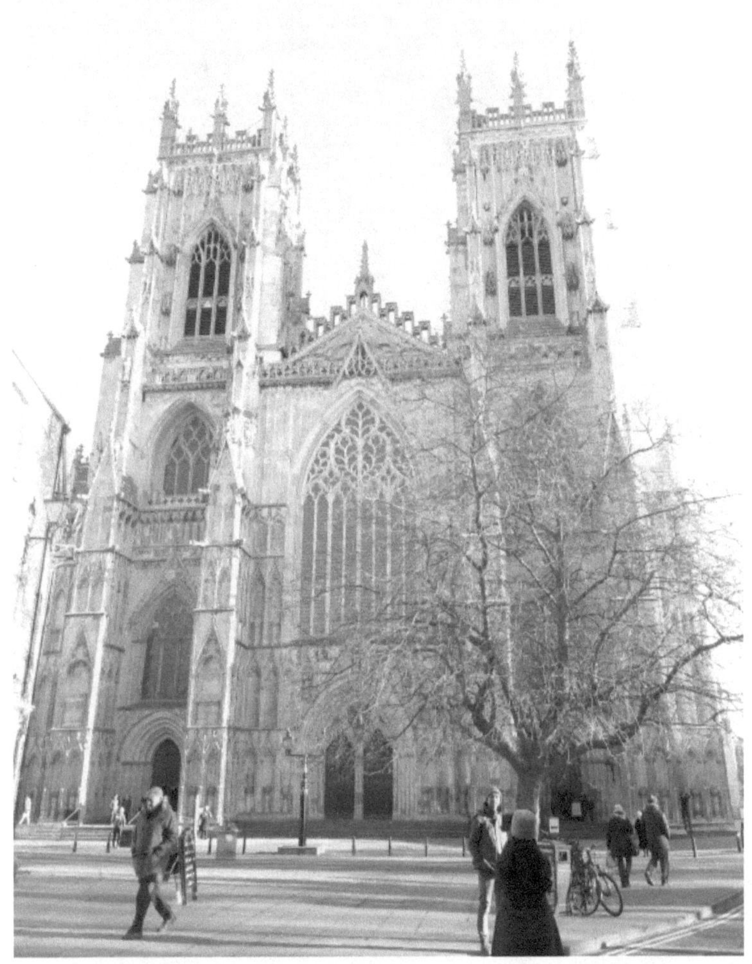

Fotoğraf 15: York Katedrali, 13-15. Yüzyıl, York/İngiltere.

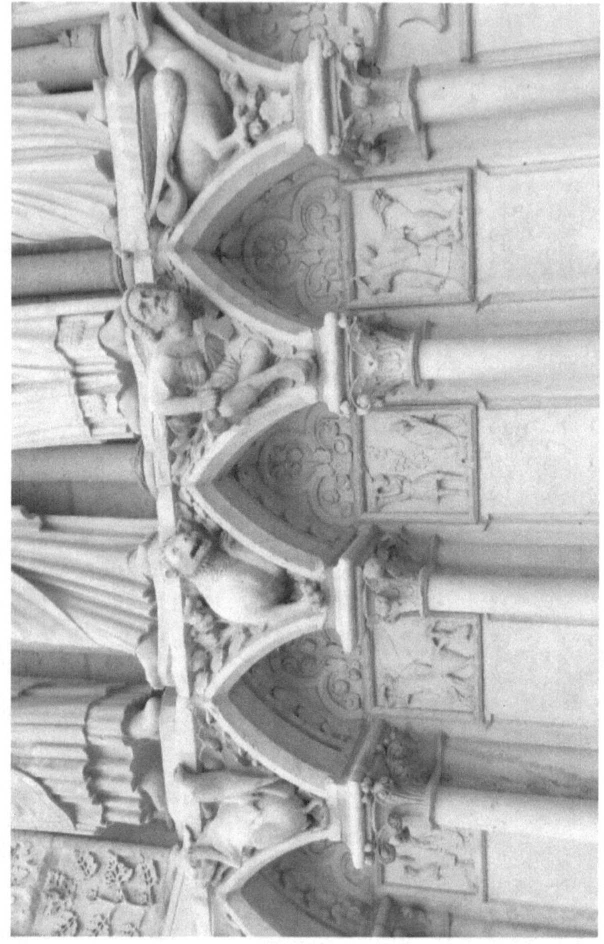

Fotoğraf 16: Notre Dame Katedrali Detay, 12-14. Yüzyıl, Paris/Fransa.

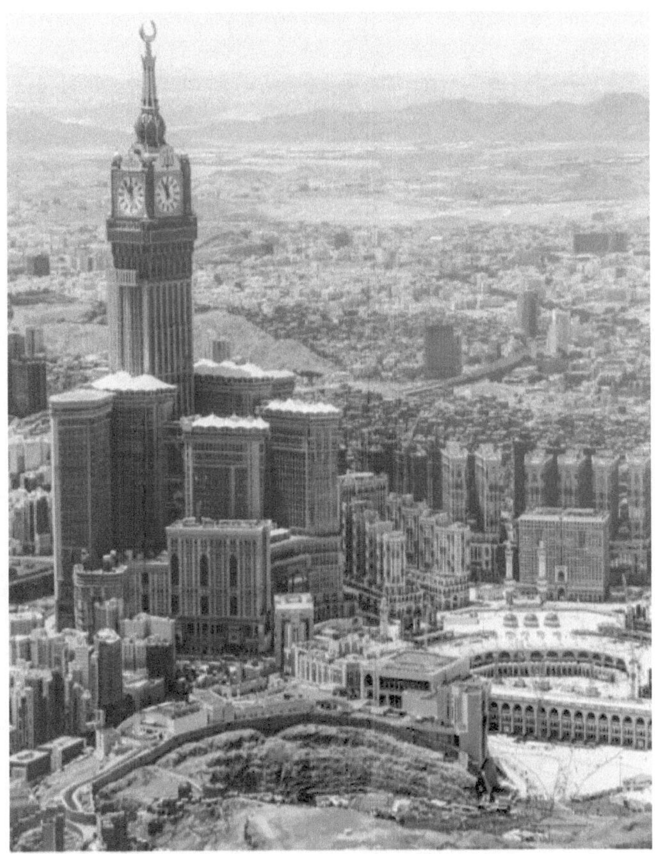

Fotoğraf 17: Kâbe ve Çevresi, 2017, Mekke/Suudi Arabistan,
(Konya Selçuklu Belediyesi).

Vakıf Müessesesi

Kelime anlamı Arapça durmak anlamına gelen *vakafe* (وقف) kelimesinden türemiş olan *vakıf*; bir mülkü kamu yararı için ebedi olarak tahsis etme anlamında kullanılmaktadır (Pakalın, 1993: 577). Bu niyeti somutlaştırmak ve tahsis işlemini gerçekleştirmek için hazırlanan belge olan vakfiye ile niyete bir resmiyet ve aynı zamanda işlerlik kazandırılırdı (Fotoğraf 18). Vakıf kurumunun kökeni, dinî bakış açısına göre İslam peygamberi Muhammed'e, tarihsel bir yaklaşımla ise Sümer ve Babil uygarlıklarına kadar gitmektedir (Hatemi, 1985: 1660). Bununla birlikte işlevsel, ideal ve kurumsal bir vakıf müessesesi, tam anlamıyla Selçuklu ve Osmanlı dönemlerinde görülür. Bir variyetin, kendi amacının dışında, kar amacı gütmeden ve Allah rızası (hayır) kazanmak için vücuda getirildiği kurumlar olan vakıflar, Özellikle Selçuklu ve Osmanlı devletlerinde sosyo-ekonomik olduğu kadar, kültürel hayatın en önemli dinamiklerinden birini oluşturmaktaydılar. Türk-İslam geleneği dâhilinde bir peygamber uygulaması (sünnet) olarak kabul edilen vakıf geleneği, öncelikli olarak hükümdarlar, daha sonra ise hükümdar ailesi ve çevresi için bir vazife olarak addedilmişti[85]. Bu açıdan,

---

[85] Şüphesiz vakıf kurumunun teşekkülünde sadece dinî kaygıların ve safiyane duyguların da olmadığını belirtmek lazım. Özellikle devlet kademesinde görev alan biri için vakıf kurmak, olası bir azledilme durumunda malına-mülküne devlet tarafından el konulmasının da önüne

özellikle Osmanlı mimarisi özelinde, devlet kontrolünde inşa edilen pek çok yapının vakıf eser statüsünde inşa edildiği görülmektedir. Bu anlayış dâhilinde bazen tek bir çeşme ya da sebilin bazense yapılardan oluşan devasa külliyelerin vakıf eser statüsünde inşa edildiği görülmektedir.

Ahmet Çaycı, vakıfları *ihsan-etik* ve *cemal-estetik* gibi değerlerin bileşkesi olarak tanımlamaktadır (Çaycı, 2018: 268). Çaycı ihsan kavramı ile aslında özünde ahlakın olduğu hayır ilkesine, cemal ile de tümel bir güzellik anlayışına vurgu yapmaktadır. Vakfın, ihsan-etik anlayışıyla ilişkili olarak kişiye inancı gereği bir tatmin hâli yaşattığı muhakkaktır. Bununla beraber bu uygulamaların daha çok yönetici (sultan-hükümdar) ve çevresi ile bağlantılı olması[86]; hayrın ilelebet sürmesi (sonsuzluk) arzusu ve hedefine bağlı olarak[87], vakıf müessesinin çalışmada zikredilen babasız doğma fenomeni ile de doğrudan olmasa bile dolaylı olarak ilişkili olduğunu göstermektedir. Bir başka ifadeyle; resmi olarak kabul edilebilecek tüm imar faaliyetleri, her ne kadar bambaşka amaçları ve fonksiyonları olsa da (insanların ibadet etmesini, eğitim almasını sağlamak ya da su temin etmek

---

geçmek anlamına geliyordu. Bu açıdan bakıldığında vakıfların bir bakıma *mal-mülk, para kaçırma* işlevi de gördüğü düşünülebilir. Ayrıca vakıfların vergiden muaf olmaları da ekonomik açıdan devlet için yer yer bir olumsuzluk oluşturmaktaydı. Fakat yine de gerek yarattığı istihdam, gerekse devlet adına yürüttüğü-yüklendiği faaliyetler düşünüldüğünde, vakıfların uzun yüzyıllar Osmanlı Devleti için ziyadesiyle önem arz ettiğini söylemek gerekir. Modern dünyayla beraber ise bankacılığın da gelişmesiyle vakıf müesseseleri devlet nezdindeki misyonlarını büyük oranda kaybetmiştir.

[86] 18. yüzyılda sarayla irtibatlı memur sınıfına ait vakıflar Osmanlı vakıf sistemi içerisinde %80'lik bir pay oluşturuyordu (Yediyıldız, 1982: 160). Selçuklularda ise toplam vakıfların sadece %12'si sultanlara ait olsa da, iktidarla ilişkili olan umera sınıfı ile ahilere ait olan vakıfların oranı %63'tü (Yüksel, 2006: 310).

[87] Bu bağlamda Ahmet Çaycı'nın ifade ettiği tümel güzellik anlayışı-arayışıyla da bir benzerlik söz konusudur.

vb.), aslında bu çalışmada iddia edilenler paralelinde, yegâne sonsuz olan kutsalın (Tanrı'nın) sistemine bir öykünmedir. Ölümlü olmanın kaçınılmaz bilgisiyle, bir vazife olarak, sonsuzluğa (zaman) mimari ile (mekân) karşı koyma girişimidir.

Görüldüğü üzere, tarihin olduğu kadar, iktisat, sosyoloji, ilahiyat ve sanat tarihinin de temel çalışma alanlarından biri olan vakıf müessesi hakkında söylenebilecek daha çok şey bulunmaktadır.

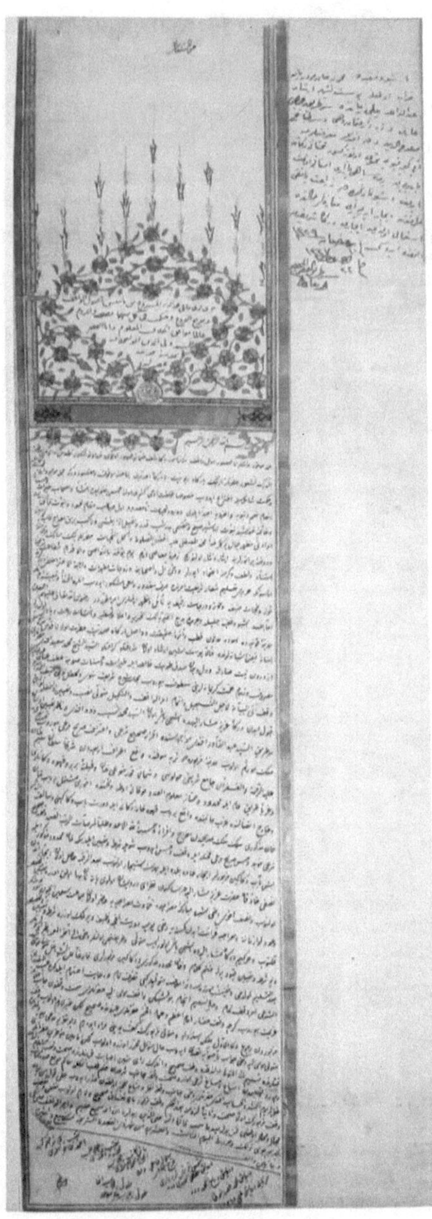

Fotoğraf 18: Bir Vakfiye Örneği (Ahmet Çaycı)

Kutsal Doğum Olgusu

Dünyevi bir anneden doğan kutsal figürlerden ve bu olgunun inanç-din-devlet-sanat dörtgenindeki ilişkisinden bahsettikten sonra, (kırk dördüncü dipnotta bu konuya kısmen değinilmiş olsa da), bir tanrı ve tanrıçadan, ya da soyut-kutsal varlıklardan meydana gelen *kutsal bakire doğum* olgusundan da kısaca bahsetmek yerinde olacaktır.

Fenomene İlişkin Örnekler kısmında ele alınan babasız doğumların görüldüğü coğrafyalardaki pek çok mitte, tanrı ve tanrıçadan ya da soyut-kutsal varlıklardan doğmuş, bazılarında bakirelik vurgusunun da yapıldığı, fakat elinde dünyevi bir yetki (otorite) bulundurmaya(da)bilen tanrısal-kutsal figürler bulunmaktadır. Örneğin Mısır Mitolojisine göre Tanrı Osiris'in ülkesini mamur hâle getirmesinden dolayı onu kıskanan (kimi kaynaklarda Osiris'in Seth'in karısıyla birlikte olduğu için ona kin beslediği belirtilir) kardeşi Seth, abisine bir tuzak kurarak onu bir lahidin içerisine hapsederek öldürür ve lahidi Nil Nehri'ne bırakır. Lahidin kıyaya vurmasının ardından bir ağaç lahidi dolayısıyla Osiris'i içerisine alır. Bir süre sonra bu ağaçtan yapılan sütunlar bir sarayın inşasında kullanılır ve kocasını aramaya çıkan Tanrıça İsis bu saraya giderecek kocasının cesedini bulur ve onu alarak dönüş yolunda cesedinden hamile kalarak Tanrı Horus'u doğurur (Fotoğraf 19)[88].

Joseph Campbell, farklı mitolojilerde karşılaşılan ve bu örnektekine benzer özellikler taşıyan sayısız kutsal[89] doğumun biyolojik değil, ruhsal gelişim-tekâmül ile alakalı manevi bir doğum olduğunu belirtmektedir[90] (Campbell ve Moyers, 2007: 225, 227).

Sonraki, yani dördüncü merkez kalp hizasındadır; bu bölge sevgiye açılma bölgesidir. Burada hayvani eylem diyarından çıkar ve son derece insani, ruhani bir diyara girersiniz. Kalp seviyesinde sevgiye merhamete, ortak acılara uyandığımız, başka bir insanın acısına ortak olduğumuz zaman, bu insanlığın başlangıcıdır. Dinsel düşünce işte bu seviyede başlar, kalp seviyesinde (Campbell ve Moyers, 2007: 225.)

Kutsal ve bakireden doğum olgusunu geniş bir perspektifte benzer bir şekilde yorumlayan Nermin Öztürk'ün tespitleri de bu noktada çok mühimdir:

Bakire doğum yapanlardan birisi de metnin içinde de vurguladığımız gibi Hz. Muhammed'dir. O hem "ümmi"dir hem "rahim"dir. Ondan doğan "İlahi Kelam"dır. Bu durum bakire doğumun metaforik algılanması gerektiğinin en önemli kanıtıdır. Ama hiçbir dinde ve mi-

---

88   Hikâye burada kısaca anlatılmıştır. Ayrıntılı bilgi için bkz. Donna Rosenberg (2000). *Dünya Mitolojisi Büyük Destanlar ve Söylenceler Antolojisi*, (Çev. Koray Akten, Erdal Cengiz, vd.), İstanbul: İmge Kitabevi, s. 261-270.

89   Campbell gibi araştırmacılar kutsal doğumları bakire doğumlardan ayrı tutmamışlar ve bir bütünün parçası olarak kabul etmişlerdir. Bu bakımdan bazı örneklerde bakirelik hâli bulunmazken, bazı örneklerde *bakirelik* ya da *ilişkiye girmeden hamile kalma* motifleri görülebilir.

90   Campbell bu sembolik anlatımın ortak bir dil olduğunu belirtmektedir. Farklı kültürlerde ve toplumlarda ortaya çıkan bu ortak dil ya da aynı sembolik anlatım, aslında kendisinin bir başka eserinde belirttiği mitolojinin işlevleri ile alakalıdır. Bkz. Joseph Campbell (2014). *Yaratıcı Mitoloji Tanrının Maskeleri*, C: 4, (Çev. Kudret Emiroğlu), İstanbul: Islık Yayınları, s. 13-19.

tolojide bakire doğum hikâyesi bir erkek üzerinden anlatılmaz. Hiçbir erkek ne doğurganlık ne de emzirmek kavramı ile ilişkilendirilemez. Çünkü doğurganlık, ontolojik olarak, Tanrının dişi cinse lütfettiği bir ayrıcalıktır. Bunlar insan zihninde direkt olarak dişi cinsi çağrıştırır. Oysa yine Eliade'nin deyimiyle mitlerde ve ritüellerde "kadın" ile ifade edilmeye çalışılan şey biyolojik kadın değil kozmik bir ilkedir. O yüzden dini metinler söz konusu olduğunda kavramları somut anlamlarıyla yüzeysel olarak anlama hatasına düşülmemelidir. Burada ifade edilmeye çalışılan kuramsal ve metafiziksel bir boyuttur. Hindu gelenekte prakriti ve şakti, Çin öğretisinde yin kelimeleri ile ifade edilen bu kozmik dişil ilke Kur'an'da üns (Hucurât, 13) kelimesiyle karşılığını bulmuş fakat mutasavvıflardan gayrısı bunun üzerinde durmamış, kelimeyi literal anlamda anlamayı tercih etmişlerdir. Mutasavvıflar ise bu kozmik ilkeyi nefs olarak kullanmışlardır. Bir kozmik ilke olarak erillik ve dişillik her biyolojik insanın içinde var olan prensiplerdir. Dolayısıyla doğurganlık ve anne olma özellikleri toplumsal cinsiyet rollerine bakılmaksızın herkesin maneviyatında var olan potansiyellerdir. Bunları ortaya çıkartmak insanın elindedir[91]. (Öztürk, 2020: 181, 182).

Gerek Campbell gerekse Öztürk'ün yaklaşımlarından anlaşılıyor ki; siyasi-dini bir figür olarak ortaya çıkan *babasız doğan kutsalların* evveli ve öncüsü olarak kabul edilebilecek *kozmik-manevi dünyanın (inancın) bakireden kutsal doğanları*, esas itibariyle inanç tarihindeki en önemli ve etkili sembolik anlatılardan biridir[92]. Bu açıdan bakıldığında, bu kitapta izah edilmeye çalı-

---

[91] Eliade'a göre de insan, *homo religious (dinsel)* ve *homo symbolicus (sembolik)* olduğu için dolayı kutsal olanla manevi-sezgisel bir iletişim kurabilmeye muktedirdir. Evelyn Underhill'e göre ise insanın bu özelliği, insan ruhunun kökeninin ilahi olmasıyla ilişkilidir (Underhill, 2003: 83).

[92] Aynı hikâyenin-anlatının ya da anlatılmak istenenin-mesajın kültürlere göre farklılık göstermesi, simge ve sembollerin değişmesi ise kültürel kodların coğrafyalara göre farklılık göstermesiyle açıklanabilir. Kültü-

şıldığı şekliyle *babasız doğma fenomeni; inancın* konusu olarak sembolik biçimde ifade edilmeye çalışılan bir ruhsal tekâmülün-sıçramanın, *din ve devlet* olguları tarafından, toplumsal-siyasal bir kurumsal yapının kurulup sürdürülebilmesi için değiştirilerek yorumlanmış ve manipüle edilmiş şekli olarak kabul edilebilir.

rel kodlara ve coğrafyaya göre değişim geçiren benzer bir motif için bkz. Nermin Öztürk (2013). *Kutsalın Değişen Yüzü Aslanlı Tanrıçalardan Aslanlı Erenlere*, Konya: İdeal Usta Yayınları.

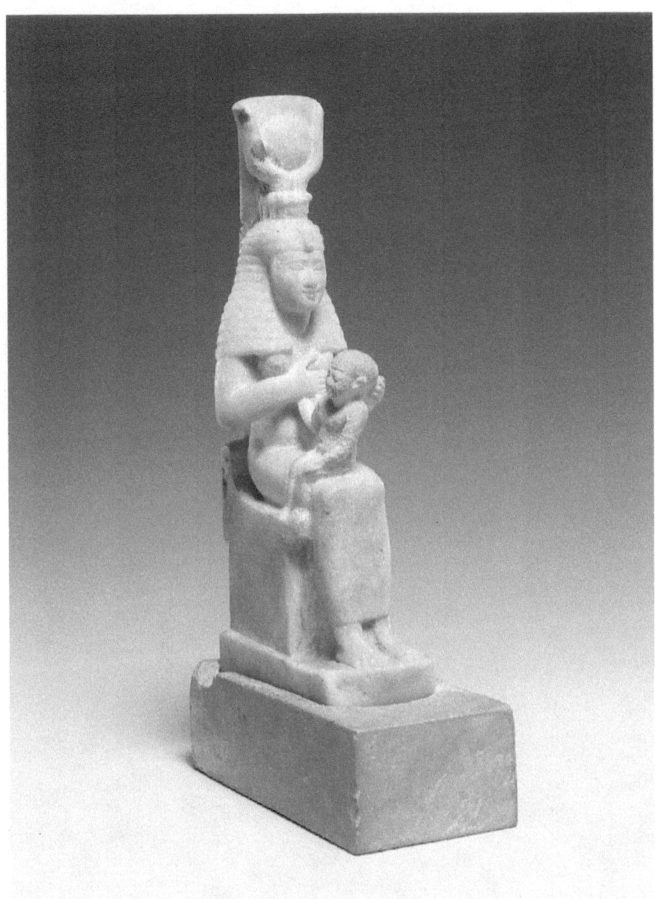

Fotoğraf 19: İsis ve Horus, MÖ 332-330, Metropolitan Sanat Müzesi,
(https://www.metmuseum.org/).

Bitirirken

Sanat tarihine yönelik yapılmış ve yapılmakta olan çalışmaların büyük bir kısmını deskriptif (tanımlayıcı) araştırma ve çalışmalar oluşturmaktadır. Bununla beraber sembolizm de son zamanlarda sanat tarihine yönelik yapılan pek çok çalışmada zikredilen ve üzerinde çokça durulan bir kavram olmaya başlamıştır. Konunun, ilahiyat ve güzel sanatlar fakülteleri menşeli araştırmacılar tarafından da özellikle İslam sanatı dâhilinde sıkça ele alındığı görülmektedir. Lakin yine de İslam sanatı ve sembolizm konusunun; *nokta Allah'tır ve her şey o Allah'tan gelmiştir* gibi klişelerden oluşan ve (salt) dinî literal bilgiye dayanan sığ yaklaşımların dışında, geniş perspektifli karşılaştırmalara, disiplinlerarası yaklaşımlara ve daha derin değerlendirmelere ihtiyaç duyduğu da aşikârdır.

Özellikle sanat tarihi özelinde, bir kavram olarak sembolizmin de dışında ve fakat onu da içine alacak şekilde yorumbilimsel bir din-sanat pratiği[93] sorgulamasının lüzumlu olduğunu

---

[93] Bu bağlamda aslında zikredilmesi gerekli konuların başında, dinin bu ilişkiye imkân tanıyan tarafı gelmektedir. Bu açıdan hermetik düşünce (ve düşünce tarzı), üzerinde ciddi manada durulması gerekli bir alan olmasına rağmen, çalışmanın çok dallanıp budaklanmaması ve konunun anlam aralığının genişlememesi için izaha girilmemiş ve konunun sanatla olan ilişkisi münferit bir başka yayıma bırakılmıştır. Hermetik düşünce ile ilgili olarak bkz. Mahmud Erol Kılıç (2017). *Hermeslerin*

düşünen biri olarak, bu sorgulamalara bağlı araştırmaların sadece sanat tarihi ya da ilahiyatın değil, tarih, felsefe, siyaset bilimi, mitoloji, antropoloji, sosyoloji ve sinema gibi pek çok farklı disiplinin-alanın envanterinden de istifade etmesi gerektiğini savunmaktayım. Bu bağlamda araştırmaların ve araştırmalara bağlı ortaya çıkacak olan çalışmaların sonuç değil süreç odaklı olması gerektiğini de özellikle belirtmek isterim. Bu minval üzere kaleme alınmış olan bu kitap çalışması, her ne kadar fazla sayfa sayısına sahip olmasa da pek çok açıdan genişletilmeye son derece müsaittir.

Yorum metni hayata getirmektedir. Metinde söylemek istenen şeyi (metnin niyetini) yorumcusunun kendi dili içinde açığa çıkarması, açması, yaymasıdır. Yorumun kendi açık mekânı içerisinde metinler kendi varlıklarını açarlar. Gadamer'e göre, yorum bu açıdan metnin basit bir tekrarı veya yeniden üretimi değil; metnin anlam ufku ile yorumcunun anlam ufkunun kaynaşmasıdır. Bir başka ifadesiyle metnin yorumcunun anlam dünyasında bir oyuncu olarak oyuna katılmasıdır. Sonuçta yorumlama eylemi bir tür oyun oynamadır. Sonucu baştan kestirilemeyen ve metin ile yorumcuyu ortaklaşa bir konu veya alanda metnin muhtemel perspektifleri ile yorumcunun daha önce sahip olduğu perspektifler arasında gerçekleşen bir tür oyundur. (Tatar, 2016: 67).

Benim, kendi anlam arayışıma bağlı olarak oynadığım bu oyunun, muhataplarına bir farkındalık kazandırması ve benzer konularda çalışma yapmak isteyenlere vesile olması temennisiyle…

Hermesi İslam Kaynakları Işığında Hermes ve Hermetik Düşünce, İstanbul: Sufi Kitap Yayınları; İzzet Erş (2019). *Kutsalın Yorumu Kutsal Metinler Üzerine Hermenötik Denemeler*, İstanbul: Siyah Kitap Yayınları.

*Dış dünyada takılıp kalmak ve her şeyin orada olduğunu sanmak müm-
kün. İsa'yı düşünürken, onun -orada- nasıl acı çektiğine dair duygular besli-
yorsunuz. Ama bu acı sizin içinizde de devam ediyor olmalı. Ruhsal açıdan
yeniden doğdunuz mu? Hayvan tabiatınızı öldürüp hayata yeniden sevginin
insanda vücut bulmuş şekli olarak geri geldiniz mi?*

Joseph Campbell

Kaynakça

Matbu

Akoğulları, Mehmet Ali ve Köker, Levent (2017). *İmparatorluktan Tanrı Devletine*, İstanbul: İmge Kitabevi.

Akoğulları, Mehmet Ali ve Köker, Levent (2018). *Kral-Devlet ya da Ölümlü Tanrı*, İstanbul: İmge Kitabevi.

Akgezer, Bülent (2018). *Dionysos Özgürlüğün Şarkısı*, İstanbul: Yitik Ülke Yayınları.

Akurgal, Ekrem (2005). *Anadolu Kültür Tarihi*, Ankara: TÜBİTAK Yayınları.

Altındal, Aytunç (2018). *Hangi İsa Tyanalı Apollonius*, İstanbul: Destek Yayınları.

Altunay, Erhan (2014). *Paganizm-I Kadim Bilgeliğe Giriş*, İstanbul: Hermes Yayınları.

Altuncu, Abdullah (2014). "Sümer Mitolojisi Bağlamında Otorite Tarafından Şekillendirilen İbadet ve Törenler", *Kilis 7 Aralık Üniversitesi İlahiyat Fakültesi Dergisi*, C: 1, S: 1, s. 141-165.

Armstrong, Karen (2017). *Tanrı'nın Tarihi*, (Çev. Oktay Özel, Hamide Koyukan, Kudret Emiroğlu), İstanbul: Pegasus Yayınları.

Armstrong, Karen (2019). *Büyük Dönüşüm Eksen Çağı ve Dinsel Geleneklerim Başlangıcı*, İstanbul: Pegasus Yayınları.

Ashkenazi, Michael (2003). *Japon Mitolojisi*, (Çev. Özlem Özarpacı), İstanbul: Say Yayınları.

Ayçiçek, Ramazan (2004). "Bilgi Değeri Açısından Cefr ve Ebced - Harfler ve Rakamlar Metafiziği-", *Milel ve Nihal (İnanç Kültür ve Mitoloji Araştırmaları Dergisi)*, Y: 2, S: 1, s. 75-114.

Bachofen, Jacob (2019). *Söylence, Din ve Anaerki*, (Çev. Nilgün Şarman), İstanbul: Payel Yayınevi.

Bahadır, Abdülkerim (2018). *İnsanın Anlam Arayışı ve Din*, İstanbul: İsyan Yayınları.

Barnard, Alan (2016). *Simgesel Düşüncenin Doğuşu*, (Çev. Mehmet Doğan), İstanbul: Boğaziçi Üniversitesi Yayınları.

Balcıoğlu, Merve (2018). "Japonya'da Kamu Yönetimi ve Japon Siyasal Kültürünün Özgün Yanları", *Turkish Studies*, C: 11, S: 56, s. 709-719.

Berger, L. Peter (2015). *Kutsal Şemsiye Dinin Sosyolojik Teorisinin Ana Unsurları*, (Çev. Ali Coşkun), İstanbul: Rağbet Yayınları.

Bilican, Rukiye (2017). *Hint Danslarının Dini Temeli*, Yüksek Lisans Tezi, Marmara Üniversitesi Sosyal Bilimler Enstitüsü, Ankara.

Bloom, Jonathan (1989). *Minaret Symbol of Islam*, Oxforf: Oxford University Press.

Bose, R. Ramasvami (2016). *Hint Mitolojisi*, (Çev. Namık Çetin), İstanbul: Mitoloji Tarihi Yayınları.

Boudieu, Pierre (2019). *Eril Tahakküm*, (Çev. Bediz Yılmaz), İstanbul: Bağlam Yayınları.

Bulut, Gülden (2014). *Mitolojik Astroloji ve Psikoloji*, İzmir: Zodyak Astroloji Yayınları.

Bulut, Gülden (2018). *Gökyüzünün Söyledikleri*, İzmir: Zodyak Astroloji Yayınları.

Burckhardt, Titus (2009). *İslam Sanatı Dil ve Anlam*, (Çev. Turan Koç), İstanbul: Klasik Yayınları.

Burckhardt, Titus (2017). *Doğu'da Batı'da Kutsal Sanat*, (Çev. Tahir Uluç), İstanbul: İnsan Yayınları.

Burke, Edmund (2008). *Yüce ve Güzel Kavramlarımızın Kaynağı Hakkında Felsefi Bir Soruşturma*, (Çev. M. Barış Gümüşbaş), Ankara: Bilgesu Yayıncılık.

Campbell, Joseph ve Moyers Bill (2007). *Mitolojinin Gücü, Kutsal Kitaplardan Hollywood Filmlerine Mitoloji ve Hikayeleri*, (Çev. Zeynep Yaman), İstanbul: MediaCat Kitapları.

Campbell, Joseph (201). *Yaratıcı Mitoloji Tanrının Maskeleri*, C: 4, (Çev. Kudret Emiroğlu), İstanbul: Islık Yayınları.

Campbell, Joseph (2015). *Batı Mitolojisi Tanrının Maskeleri*, C: 3, (Çev. Kudret Emiroğlu), İstanbul: Islık Yayınları.

Campbell, Joseph (2016). *Doğu Mitolojisi*, C: 2, (Çev. Kudret Emiroğlu), İstanbul: Islık Yayınları.

Campbell, Joseph (2019). *Kahramanın Sonsuz Yolculuğu*, (Çev. Sabri Gürses), İstanbul: İthaki Yayınları.

Collins, Andrew (2017). *Göbekli Tepe Tanrıların Doğuşu*, (Çev. Leyla Tonguç Basmacı), İstanbul: Alfa Yayınları.

Coomaraswamy, Ananda Kentish (2016). "Hıristiyan Doğulu Veya Gerçek Sanat Felsefesi", *Her İnsan Sanatçı Doğar*, İstanbul: İnsan Yayınları, s. 107-141.

Corbin, Henry (2016). *Tanrının Yüzü İnsanın Yüzü Yorumbilgisi ve Tasavvuf*, (Çev. Kübra Gürkan ve B. Garen Beşiktaşlıyan), İstanbul: Pinhan Yayınları.

Cündioğlu, Dücane (2012). *Mimarlık ve Felsefe*, İstanbul: Kapı Yayınları.

Çaycı, Ahmet (2016). "İslam Mimarisinde Anlam Meselesi", *Sosyoloji Divanı*, Sayı: 7, s.189-202.

Çaycı, Ahmet (2017). *İslam Mimarisinde Anlam ve Sembol*, Konya: Palet Yayınları.

Çaycı, Ahmet (2018). *Türk-İslam Kültüründe Vakıf ve Sanat*, Konya: Palet Yayınları.

Çaycı, Ahmet (2019). *Anadolu Selçuklu Sanatı'nda Gezegen ve Burç Tasvirleri*, Konya: Palet Yayınları.

Çığ, Muazzez İlmiye (2011). *İnanna'nın Aşkı Sümer'de İnanç ve Kutsal Evlenme*, İstanbul: Kaynak Yayınları.

Çığ, Muazzez İlmiye (2019). *Bereket Kültü ve Mabed Fahişeliği*, İstanbul: Kaynak Yayınları.

Demirli, Ekrem (2014). "Tasavvufta Estetik Algısı Hakkında Bir Değerlendirme", *VI. Dini Yayınlar Kongresi -İslam Sanat ve Estetik- (29 Kasım- 01 Aralık 2013)*, *Bildiri Kitabı*, İstanbul: Diyanet İşleri Başkanlığı Yayınları, s. 105-110.

Demiriz, Yıldız (2001). *İslam Sanatında Geometrik Süsleme*, İstanbul: Yorum Sanat Yayınları.

Detienne, Mareel, (2010). "Dionysos Maddesi", *Mitolojiler Sözlüğü*, (Çev. Nusat Çıka), (Yön. Yves Bonneffoy, Türkçe Yay. Haz. Levent Yılmaz), C: 1, Ankara: Dost Kitabevi Yayınları, s. 172-179.

Durkheim, Emile (2005). *Dini Hayatın İlkel Biçimleri*, (Çev. Fuat Aydın), İstanbul: Ataç Yayınları.

Eco, Umberto (2016). *Ortaçağ Estetiğinde Sanat ve Güzellik*, (Çev. Kemal Atakay), İstanbul: Can Yayınları.

Eco, Umberto (2019). *Mimarlık Göstergebilimi*, (Çev. Fatma Erkman Akerson), İstanbul: Daimon Yayınları.

Eliade, Mircea (2002). *Babil Kozmolojisi ve Simyası*, (Çev. Mehmet Emin Özcan), İstanbul: Kabalcı Yayınevi.

Eliade, Mircea (2004). *Mistik Hint Erotizmi*, (Çev. Renan Akman), İstanbul: Kabalcı Yayıları.

Eliade, Mircea (2014). *Dinler Tarihine Giriş*, (Çev. Lale Arslan Özcan), İstanbul: Kabalcı Yayınları.

Eliade, Mircea (2018a). *Dinsel İnançlar ve Düşünceler Tarihi*, (Çev. Ali Berktay), C: 1, İstanbul: Alfa Yayınları.

Eliade, Mircea (2018b). *Ebedi Dönüş Miti*, (Çev. Ayşe Meral), İstanbul: Dergah Yayınları.

Eliade, Mircea (2019). *Dinsel İnançlar ve Düşünceler Tarihi*, (Çev. Ali Berktay), C: 2, İstanbul: Alfa Yayınları.

Ergin, Muharrem (2003). *Göktürk Kitabeleri*, İstanbul: Boğaziçi Yayınları.

Erş, İzzet (2019). *Kutsalın Yorumu Kutsal Metinler Üzerine Hermenötik Denemeler*, İstanbul: Siyah Kitap Yayınları.

Erzen, Jale Nejdet (2017). *Üç Habitus Yeryüzü Kent Yapı*, İstanbul: YKY.

Farabi (2017). *İdeal Devlet*, (Çev. Ahmet Arslan), İstanbul: İş Bankası Yayınları.

Farthing, Stephen (2017). *Sanatın Tüm Öyküsü*, (Çev. Gizem Aldoğan ve Firdevs Candil Çulcu), İstanbul: Hayalperest Yayınları.

Frangipane, Marcela (2002). *Yakındoğu'da Devletin Doğuşu*, (Çev. Z. Zühre İlkgelen), İstanbul: Arkeoloji Sanat Yayınları.

Frazer, James George (1917). *The Golden Bough A Study In Magic And Religion (Part I The Magic Art Evolution Of Kings)*, C: 2, London: Macmillan and Co., Limited Press.

Frazer, James George (2016). *Altın Dal Dinin ve Folklorun Kökenleri*, (Çev. Mehmet H. Doğan), İstanbul: Yapı Kredi Yayınları.

Frazer, James George (2018). *Adonis, Attis, Osiris Doğu Dinleri Tarihi Araştırmaları I*, (Çev. İsmail Hakkı Yılmaz), İstanbul: Pinhan Yayınları.

Gibson, Clare (2016). *Semboller Nasıl Okunur*, (Çev. Cem Alpan), İstanbul: YEM Yayınları.

Gimbutas, Marija (2001). *The Living Goddesses*, California: University of California Press.

Grimal, Pierre (2012). *Mitoloji Sözlüğü Yunan Roma*, (Çev. Sevgi Tamgüç), İstanbul: Kabalcı Yayınları.

Guenon, Rene (2014). *Dante ve Orta Çağ'da Dini Sembolizm*, (Çev. İsmail Taşpınar), İstanbul: İnsan Yayınları.

Guenon, Rene (2017). *Yatay ve Dikey Boyutların Sembolizmi*, (Çev. Fevzi Topaçoğlu), İstanbul: İnsan Yayınları.

Guiraud, Pierre (2016). *Göstergebilim*, (Çev. Mehmet Yalçın), İstanbul: İmge Kitabevi.

Gül, Ali (2018). *Ansiklopedik Hinduzim Sözlüğü*, İstanbul: İz Yayınları.

Gündüz, Şinasi, Ünal, Yavuz ve Sandıkçıoğlu Ekrem (1996). *Dinlerde Yükseliş Motifleri*, Ankara: Vadi Yayınları.

Gündüz, Şinasi (1998). *Mitoloji İle İnanç Arasında Ortadoğu ve Dinsel Gelenekleri Üzerine Yazılar*, Samsun: Etüt Yayınları.

Halis, Göktuğ (2016). *Simgebilim Perspektifinden Göbeklitepe Tapınakları*, İstanbul: Ozan Yayıncılık.

Harman, Ömer Faruk (2010). "Süleyman Maddesi", *TDV İslam Ansiklopedisi*, Ankara: TDV Yayınları, C: 38, s. 60-62.

Harman, Ömer Faruk (2017). "Beklenen Kurtarıcı İnancının İslam Öncesi Arka Planı", *Beklenen Kurtarıcı İnancı*, İstanbul: KURAMER Yayınları, s. 41-59.

Harva, Ono (2014). *Altay Panteonu Mitler Ritüeller İnançlar ve Tanrılar*, (Çev. Ömer Suveren), İstanbul: Doğu Kütüphanesi Yayınları.

Hatemi, Hüseyin (1985). "Tanzimat'tan Cumhuriyet'e Vakıf", *Tanzimat'tan Cumhuriyet'e Türkiye Ansiklopedisi*, C: 6, İstanbul: İletişim Yayınları, s. 1658-1679.

Heidegger, Martin (2019). *Nedenin Neliği*, (Çev. Saffet Babür), Ankara: Bilgesu Yayınları.

Hornoung, Erik (2014). *Mısır Bilimine Giriş*, (Çev. Zehra Aksu Yılmazer), İstanbul: Kabalcı Yayınları.

İbn Arabi (2015). *Harflerin Esrarı*, (Çev. Ekrem Demirli), İstanbul: Litera Yayınları.

İpşirli, Mehmet (2012). "Unvan Maddesi Osmanlılar", *TDV İslam Ansiklopedisi*, C: 42, s.166.

Anonim, *İhvan-ı Safa Risaleleri*, (Çev. A. Karaman, İ. Çalışkan, E. Uysal, A. Avcu, M. Demirkol, K. Göktay ve E. Aliyev), C: 2, İstanbul: Ayrıntı Yayınları.

Jung, Carl Gustave (2004). *Eşzamanlılık: Nedensellik Dışı Bağlayıcı Bir İlke*, (Çev. Levent Özşar), Bursa: Bilos Yayınları.

Jung, Carl Gustave (2016). *İnsan ve Sembolleri*, (Çev. Hatice Mukaddes İlgün), İstanbul: Kabalcı Yayınları.

Kalın, Fettullah (2014). *Rudolf Otto'da Din, Kutsallık ve Mistik Tecrübe*, İstanbul: Ötüken Yayınları.

Kant, Immanuel (2010). *Güzellik ve Yücelik Duyguları Üzerine Gözlemler*, (Çev. Ahmet Fethi), İstanbul: Hil Yayınları.

Kaya, Murat (2011). *Hz Ali'den 111 Hatıra*, İstanbul: Erkam Yayınları.

Keskin, Mustafa (2004). "Din ve Toplum İlişkileri Üzerine Bir Genelleme", *Din Bilimleri Akademik Araştırma Dergisi*, C: 4, S: 2, s. 7-21.

Kılıç, Mahmud Erol (2017). *Hermeslerin Hermesi İslam Kaynakları Işığında Hermes ve Hermetik Düşünce*, İstanbul: Sufi Kitap Yayınları.

Klengel, Horst (2019). *Kral Hammurabi ve Babil Günlüğü*, (Çev. Nesri Oral), Ankara: Totem Yayınları.

Kramer, Samuel Noah (2002). *Tarih Sümer'de Başlar*, (Çev. Hamide Koyukan), İstanbul: Kabalcı Yayınları.

Küçükaşçı, Mustafa Sabri (2009). "Seyyid Maddesi", *TDV İslam Ansiklopedisi*, Ankara: TDV Yayınları, C: 37, s. 40-43.

Leeming, David (2001). *A Dictionary of Asian Mythology*, New York: Oxford University Press.

Leeming, David Adams (2018). *A'dan Z'ye Dünya Mitolojisi*, (Çev. Nurdan Sosyal), İstanbul: SAY Yayınları.

Leeming, David, ve Page, Jake (2019). *Tanrıça Mitleri*, (Çev. Şükrü Alpagut), Say Yayınları: İstanbul.

Mevlana Celaleddin (1994). *Fîhi Mâfih*, (Çev. A. Avni Konuk), (Yay. Haz. S. Eraydın), İstanbul: İz Yayınları.

Michell, George (1988). *The Hindu Temple: An Introduction to Its Meaning and Form*, Chicago: University of Chicago Press.

Mülayim, Selçuk (1982). *Anadolu Türk Mimarisinde Geometrik Süsleme*, Ankara: Kültür Bakanlığı Yayınları.

Nanamoli, Bhikkhu (2001). *The Life of Buddha*, Onalaska (USA): BPE Press.

Nasr, Seyyid Hüseyin (2017). *İslam Sanatı ve Maneviyatı*, (Çev. Ahmet Demirhan), İstanbul: İnsan Yayınları.

Necmeddin-i Daye (2013). *Mirsadü'l-İbad*, (Çev. Halil Baltacı), İstanbul: İFAV Yayınları.

Ocak, Ahmet Yaşar (2012). *Türk İslam İnançlarında Hızır Yahut Hızır İlyas Kültü*, İstanbul: Kabalcı Yayınları.

Okumuş, Ejder (2005). *Dinin Meşrulaştırma Gücü*, İstanbul: ARK Yayınları.

Otto, Rudolf (2014). *Kutsal'a Dair*, (Çev. Sevil Ghaffari), İstanbul: Altıkırkbeş Yayınları.

Ovidius (1994). *Dönüşümler*, (Çev. İsmet Zeki Eyüboğlu), İstanbul: Payel Yayınları.

Ögke, Ahmet (2005). *Türk Tasavvuf Düşüncesinde Metaforik Anlatım*, Van: Ahenk Yayınları.

Özcan, Murat (2018). "İslamiyet'ten Önce Arap Mitolojisi", *Doğu ve Batı Mitolojileri*, Ankara: Delta Kitap, s. 15-24.

Öztürk, Nermin (2013). *Kutsalın Değişen Yüzü Aslanlı Tanrıçalardan Aslanlı Erenlere*, Konya: İdeal Usta Yayınları.

Öztürk, Nermin (2019). "Hindu Halk Dindarlığının Merkezindeki Yapılar: Yol Kenarı Tapınakları", *Çukurova Üniversitesi İlahiyat Fakültesi Dergisi*, C: 19, S: 1, s. 16-32.

Öztürk, Nermin (2020). *Budizm'de, Hıristiyanlık'ta ve İslam'da Bakire Doğum Fenomolojik Bir Yaklaşım*, Konya: Literatürk-Academia Yayınları.

Parman, Talat (2018). "Mit, Efsane, Destan, Hikaye, Anlatı, Söz, Söylem Sahi Neden Anlatıyoruz ?", *Psikomitoloji İnsanı Öykülerinde Aramak*, (Ed. M. Bilgin Saydam ve Hakan Kızıltan), İstanbul: İthaki Yayınları.

Özaydın, Abdülkerim (2012). "Unvan Maddesi", *TDV İslam Ansiklopedisi*, C: 42, s. 163-166

Pakalın, Mehmet Zeki (1993). *Osmanlı Tarih Deyimleri ve Terimleri Söz-lüğü*, C: 3, İstanbul: MEB Yayınları.

Pattanaik, Devdutt (2006). *Hint Mitolojisine Giriş Mit ve Mitya*, (Çev. Çiğdem Erkal), İstanbul: Doğubatı Yayınları.

Renou, Louis (2016). *Hinduizm*, (Çev. Maide Selen), İstanbul: İletişim Yayınları.

Roth, Lenand Martin (2002). *Mimarlığın Öyküsü*, İstanbul: Kabalcı Yayınları.

Rosenberg, Donna (2000). *Dünya Mitolojisi Büyük Destanlar ve Söylence-ler Antolojisi*, (Çev. Koray Akten, Erdal Cengiz, A. Ulaş Yüce, Kudret Emiroğlu, Tuluğ Kenanoğlu, Tahir Kocayiğit, Erhan Kuz-han, Bengü Odabaşı), İstanbul: İmge Kitabevi.

Sâî Mustafa Çelebi (2003). *Tezkiretü'l-Bünyan ve Tezkiretü'l-Ebniye*, (Yay. Haz. Hayati Develi), İstanbul: KOÇ Kültür Sanat Tanıtım.

Sarıkçıoğlu, Ekrem (2011). *Din Fenomenolojisi*, Isparta: Fakülte Kitabevi.

Sheldrake, Rupert (2001). *Yeni Bir Yaşam Bilimi*, (Çev. Sezer Soner), İz-mir: Ege-Meta Yayınları.

Sheldrake, Rupert (2004). *Biri Beni Gözetliyor*, (Çev. Orhan Düz), İstan-bul: Kaknüs Yayınları.

Schimmel, Annamaria (1999). *Dinler Tarihine Giriş*, İstanbul: Kırkambar Yayınları.

Schmidt, Klaus (2007). *Göbekli Tepe En Eski Tapınağı Yapanlar*, İstanbul: Arkeoloji Sanat Yayınları.

Shoun, Frithjof (2016). *Bir Merkeze Sahip Olmak*, (Çev. Tahir Uluç), İs-tanbul: İnsan Yayınları.

Schuon, Frithjof (2017). *Beşer Tecellisi*, (Çev. Nebi Mehdiyev), İstanbul: İnsan Yayınları.

Sönmez, Zeki (1988). *Mimar Sinan İle İlgili Yazmalar-Belgeler*, İstanbul: Mimar Sinan Üniversitesi Yayınları.

Sönmez, Ekizler Serap ve Doğanay, Aziz (2015). "Mimar Sinan Camile-rinde Kare ve Altıgen Kurgulu Geometrik Desenler ve Analiz Yön-temleri", *Türk-İslam Medeniyeti Akademik Araştırmalar Dergisi*, S: 19, s. 87-108.

Sönmez, Zekiye (2002). "İnciller ve Kuran Işığında Hz. İsa", *III. Dinler Tarihi Araştırmaları Sempozyumu (9-10 Haziran 2001) Bildirileri*, Ankara: Dinler Tarihi Derneği Yayınları, s. 137-166.

Sözer, Onay (2019). *Sanat: Görünendeki Görünmeyen*, İstanbul: YKY.

Steinsland, Gro (2015). "Tanrılar ve Dev Kadınların Çocukları Olarak Yöneticiler: Pagan Kuzey Yöneticilerin Mitolojisi Üzerine", *Viking Dünyası*, (Ed. Stefan Brink ve Neil Priece), (Çev. Ebru Kılıç), İstanbul: Alfa Yayınları, s. 281-289.

Strano, Giorgio (2018). "Mısır'da Astronomi", *Antik Yakın Doğu*, (Ed. Umberto Eco), (Çev. Leyla Tonguç Basmacı), İstanbul: Alfa Yayınları, s. 453-460.

Şenel, Alaeddin (2019). *İnsanlık Tarihi*, İstanbul: İmge Kitabevi.

Tatar, Burhanettin (2016). *3 Derste Hermenötik*, İstanbul: Vadi Yayınları.

Tillich, Paul (1951). *Systematic Theology*, Vol. 1, Chicago: The University Of Chicago Press.

Tuğrul, Saime (2010). *Ebedi Kutsal Ezeli Kurban*, İstanbul: İletişim Yayınları.

Tuğrul, Saime (2014). *Canım Sana Feda Yeni Zamanların Kutsallık Biçimleri*, İstanbul: İletişim Yayınları.

Tunalı, İsmail (2014). *Sanat Ontolojisi*, İstanbul: İnkılap Yayınevi.

Underhill, Evelyn (2003). *Mysticism: A Study in the Nature and Development of Man's Spiritual Consciousness*, Grand Rapids: Christian Classics Ethereal Library.

Ünalan, Öner (1997). *Darwin Ne Yaptı*, İstanbul: SAYPA Yayınevi.

Winston, Robert (2010). *Tanrının Öyküsü*, (Çev. Sinen Köseoğlu), İstanbul: Say Yayınları.

Xenophon (1994). *Memorabilia*, (Çev. Amy L. Bonnette), London and Ithaka: Cornell University Press.

Yediyıldız, Bahaeddin (1982). "Vakıf Maddesi", *MEB İslam Ansiklopedisi*, C: 13, İstanbul: Milli Eğitim Basımevi, s.153-172.

Yerasimos, Stefanos (2014). *Türk Metinlerinde Konstantiniye ve Ayasofya Efsaneleri*, İstanbul: İletişim Yayınları.

Yıldırım, Nimet (2008). *Fars Mitolojisi Sözlüğü*, İstanbul: Kabalcı Yayınevi.

Yıldırım, Nimet (2012). *İran Mitolojisi*, İstanbul: Pinhan Yayınları.

Yılmaz, Muzaffer (2018). Doğu'dan Batı'ya Bir Yorumlama Denemesi Olarak Babasız Doğma Fenomeni ve Sanat İlişkisi, 22. *Uluslararası*

Ortaçağ ve Türk Dönemi Kazıları ve Sanat Tarihi Araştırmaları Sempoz-yumu (24-26 Ekim 2019) Özet Kitabı, İstanbul: MSGSÜ Yayınları.

Yılmaz, Muzaffer (2018). "Batı Resminde Yeme-İçme Konulu Sahnele-rin Menşei Üzerine Bir Değerlendirme (Ortaçağ'ın Başlangıcın-dan Barok Dönemin Sonuna Kadar)", *SDÜ Fen-Edebiyat Fakültesi Sosyal Bilimler Dergisi*, S: 44, s. 111-138.

Yüksek, Hasan (2006). "Anadolu Selçuklularında Vakıflar", *Anadolu Selçukluları ve Beylikler Dönemi Uygarlığı I*, Ankara: Kültür ve Tu-rizm Bakanlığı Yayınları, s. 309-325.

Online

Kuran-ı Kerim

https://kuran.diyanet.gov.tr/

Tanah ve İncil

https://www.kutsalkitap.org/